तपती चाँदनी

रानू

डायमंड बुक्स

www.diamondbook.in

प्रकाशक : डायमंड पॉकेट बुक्स (प्रा.) लि.
X-30, ओखला इंडस्ट्रियल एरिया, फेज–II
नई दिल्ली–110020
फोन : 011–40712200
ई–मेल : sales@dpb.in
वेबसाइट : www.diamondbook.in
संस्करण : 2022

TAPTI CHANDNI (NOVEL)
By : *Ranu*

तपती चाँदनी

"रहस्य?"

"हां, एक बहुत ही घिनौना रहस्य!"

"क्या कहते हो?" वह चौंक पड़ी। उसकी बड़ी-बड़ी आंखें विस्फरित हो गईं।

पलंग पर असहाय सोए हुए अजयसिंह ने अपनी पत्नी रानो को अपलक देखा। एक कसक थी उन आंखों में। एक पीड़ा का समन्दर लहरा रहा था उनमें। उसने अपनी नजर को पंखे पर टिकाकर कहा, "हां रानो, उस रहस्य को सुनकर तुम्हारा दिल नफरत से भर आएगा। तुम्हारी इन प्यारी बरसाती आंखों में अंगोर चटखने लगेंगे। लेकिन अब मैं मर रहा हूं। मेरे जीवन का दीपक अपनी आखिरी रोशनी दे रहा है। ...शायद लकवे के भयानक यातनापूर्ण रोग से मेरी मुक्ति इसीलिए नहीं हो रही है कि मेरे दिल में वह रहस्य पत्थर की तरह जमा हुआ है।"

रानो ने उसे अपलक निहारा। उसकी आंखों में फिर करुणा उमड़ आई। वह खिड़की की राह बाहर देखती हुई बोली, "यह नहीं हो सकता। जो पति अपनी पत्नी को पिछले पच्चीस साल से बेहद प्रेम कर रहा हो, जो उसकी एक-एक बात को मानता आया हो, वह उससे कोई रहस्य नहीं छुपा सकता। वह अपनी पत्नी के साथ कोई भी छल कपट नहीं कर सकता।"

अथाह दुःख में भी अजय के होंठों पर मुसकान थिरक आई। एक भेद-भरी मुस्कान! वह लम्बा सांस लेकर बोला, "इस संसार में बड़े ही विचित्र खेल-तमाशे होते रहते हैं। हर आदमी अपने भीतर एक इतिहास छिपाए हुए है। कोई किसी के दिल का भेद नहीं जानता। ...रानो! आदमी की आत्मा को नंगा करके देखा जाए तो उसकी असलियत का पता चले। वह भीतर से बड़ा ही स्वार्थी, बौना और दुष्ट होता है।"

"मैं तुम्हारी पहेलियां जरा भी नहीं समझ रही हूं।" रानो ने प्यार से उसके सिर पर हाथ रखा और कहा, "तुम मुझे सब कुछ साफ-साफ कहो। तुम्हें मेरी कसम।"

"बात यह है कि तुम्हारे पिता महेन्द्रसिंह जी आज भी जिंदा हैं।"

"क्या बकते हो?" वह चिहुंक पड़ी।

"बक नहीं रहा हूं, सच कह रहा हूं।" उसने अपने आप पर काबू पाकर कहा, "मैंने तुमसे दो शर्तों पर शादी की थी। मेरी पहली शर्त थी कि मैं तुम्हारे पिता की तमाम जायदाद का मालिक होऊंगा। दूसरी शर्त यह थी कि वे अपने-आपको हमारे लिए मरा हुआ जानेंगे।"

"लेकिन क्यों?" वह तड़प उठी।

"यह तुम मुझसे मत पूछो। तुम्हारे एक-एक सवाल का जवाब गांव के महल की एक-एक ईंट देगी। उसके कण-कण में उन सवालों के उत्तर ध्वनित-प्रतिध्वनित हो रहे हैं।"

"मैं इतना सब्र नहीं रख सकती।" उसने अपने पति का हाथ जोर से पकड़ लिया, "मुझे तुम्हें इसी पल बताना पड़ेगा कि आखिर तुमने मेरे बाप के साथ ऐसा सलूक क्यों किया?"

"वह एक ऐयाश आदमी है, वह हत्यारा है...और तुम्हारा एक कलंकित अतीत है।"

"मेरा कौन-सा अतीत है जिसने मेरे बाप को जीते जी मेरे लिए मार दिया?...बताओ। ...मैं कहती हूं कि बताओ। ...वह अतीत मुझे क्यों नहीं याद है? ...तुम बिलकुल झूठ बोल रहे हो! तुम मरते समय मेरी आत्मा को संदेह और दर्द की घाटियों में भटकने के लिए छोड़ देना चाहते हो...बोलो..अजय, बोलो, वरना मैं...तूफान खड़ा कर दूंगी...। अजय...अजय...!"

और अजय निस्पंद हो गया था। उसकी आंखें फट गई थीं। उसका शरीर कड़ा होने लगा। रानो ने उसे बुरी तरह झिंझोड़ा!

बार-बार पुकारा, "अजय...अजय...कुछ तो बोलो...वह क्या भेद था, मुझे बताओ...।" पर अजय तो इस संसार से दूर, बहुत दूर चला गया था।

रानो उसकी लाश पर गिरकर दहाड़ मारकर रोने लगी।

उसके दो लड़के और एक लड़की, सब भागते हुए आए। पहले तो वे कुछ समझे नहीं, फिर वे फूट-फूटकर रोने लगे–

"पापा...पापा...तुम्हें क्या हो गया!"

रानो रोते-रोते थक गई। उसके नौकर-चाकर भागकर आ गए। अड़ोसी-पड़ोसी भी आ गए। सब उदास थे। सबकी आंखें भर-भर आईं।

रानो के दोनों लड़के महेश और सुरेश मां का आंचल पकड़े खड़े थे। रानो की बड़ी लड़की गीता एक कोने में खड़ी-खड़ी अपने आंचल से आंसू पोंछ रही थी।

किसी बुजुर्ग ने कहा, "इस तरह क्या होगा? दाह-संस्कार की व्यवस्था के लिए पंडित को बुलवाया जाए।"

"हां, हां!" कई आवाजें आईं और दाह-संस्कार की व्यवस्था होने लगी। पूरा एक माह बीत गया।

आने वाले नाते-रिश्तेदार व जाने-अनजाने लोग भी एक-एक करके चले गए। कश्मीरी गेट स्थित ठाकुर अजयसिंह की कोठी में एक दर्दभरा सन्नाटा पसर गया।

रानो प्राय: अपने कमरे में अपने-आपमें डूबी-सी पड़ी रहती थी। उसके तीनों बच्चे मां की गहरी और भेदभरी खामोशी के कारण डरने लगे थे। वे समझ नहीं पा रहे थे कि मम्मी को क्या हो गया है? और रानो भी भीषण मानसिक संघर्ष और तनावों में झूल रही थी। जिस पति ने उसे पिछली पच्चीस साल तक बेपनाह प्यार किया था उसने मरते दम उसे आग की लपटों में जलने के लिए क्यों छोड़ दिया? ऐसा उसने क्यों किया? किसलिए किया?

एक रहस्य-भरा पर्दा उसके चारों ओर तन गया। वह बेचैन हो उठी। तड़प उठी। उसकी आंखें भर-भर आईं। वह पलंग पर सो गई। उसके कानों में कई वाक्य गूंजने लगे– 'मेरा बाप जिंदा है, मैं पूरे गांव की मालकिन हूं, मेरा कोई कलंकित अतीत है, मेरी कोई मैली और गुनाहों-भरी जिंदगी है।'

वह कौन-सा अतीत है?

वह अतीत उसे क्यों नहीं याद है? इतने लम्बे अतीत का एक पल भी उसके जेहन में क्यों नहीं है?...वह झुंझला उठी। वह पलंग पर जलहीन मछली की तरह तड़पने लगी। फिर बैठ गई। उसने अपने सिर को दोनों हाथों से पकड़कर झिंझोड़ा। बुदबुदाई, "अतीत...अतीत...अतीत?...वह अतीत उसे क्यों नहीं याद आता?...उसके सामने नंगा क्यों नहीं होता?"

क्या वह पागल है?

नहीं, वह पागल नहीं है। यदि वह पागल होती तो उसे उसका पति इतना बेइन्तहा प्यार न करता। फिर?

वह सोचती रही। अलग-अलग निर्णय लेती रही। आखिर उसने निर्णय किया कि वह क्यों नहीं गांव जाकर सच्चाई का पता लगा लेती?

वह गांव जाएगी। अपने पिता से मिलेगी। अपने उस अतीत का पता लगाएगी जो गुनाहों के कलंक से भरा हुआ है। वह बाहर निकली।

आकाश काली घटाओं से भरा था। कहीं-कहीं बिजली कड़क रही थी। उसकी कड़क उसके मन में एक कसक जन्मा जाती थी।

वह बरामदे में आकर खड़ी हो गई। कई पपीहे आकाश में स्वाति बूंद के लिए उड़ रहे थे। वह प्यार की एक बूंद जन्म-जन्म की प्यास को बुझा देने वाली होती है।

उसने खुली हवा में लम्बे-लम्बे कई सांस लिए। काली मैक्सी में वह गोरी-सलोनी रानो कोई देवी प्रतिमा-सी लग रही थी। वह एक बार फिर बुदबुदाई, "मैं गांव जाऊंगी। जरूर जाऊंगी। पता लगाऊंगी कि मेरे साथ क्या बीता है? मेरा कौन-सा अतीत है? मुझे वह सब क्यों नहीं याद है?

उसे अपने-आप पर झुंझलाहट-सी हुई। बेचैन और बेकरार होकर वह इधर-उधर घूमने लगी। उसने अपने नौकर को पुकारा, "शेरसिंह, गांव चलने की तैयारियां करो। हम अपने बच्चों के साथ गांव जाएंगे!"

शेरसिंह चौंक गया। यह एकाएक पूरे पच्चीस साल के बाद मालकिन को गांव चलने की क्यों सूझी? जिस गांव को मालिक सदा-सदा के लिए भुला चुके थे, उस गांव को अपनी यादों के दायरों में लाने की मालकिन क्यों कोशिश कर रही हैं?

वह अन्दर की तरह उछलता हुआ रानो के पास आया। उसने विनती-भरे स्वर में कहा, "बीबी जी! आपने एकाएक गांव चलने की क्यों सोच ली है? वहां तो किसी बच्चे का मन नहीं लगेगा।"

"जो नौकर अपने मालिक को सलाह देने लगता है वह जल्दी ही काम से छुट्टी पा जाता है।" रानो ने आदेश भरे स्वर में कहा, "तुम गांव चलने की तैयारी करो।"

"बच्चे सब साथ चलेंगे, समझे।"

"समझ गया।"

रानो ने जैसे ही अपने वाक्य को समाप्त किया वैसे ही जोर की बिजली कड़की। तूफानी हवाओं के साथ वर्षा होने लगी। रानो को महसूस हुआ कि आज बाहर भी इतना भीषण तूफान है जितना उसके भीतर!

वह वापस कमरे में आई। उसने अपने सामान को जुटाया। उसे अटैची में डाला। फिर वह निचले बरामदे में आई। उसने अपने ड्राइवर भूषण को पुकारा। वह बरसात में भीगता हुआ आया। रानो ने उससे कहा, "अपनी शेव्रोल ठीक है न।"

"जी, बीबी जी।"

"पैट्रोल की टंकी भरवा लो, हमें अपने गांव चलना है।"

"लेकिन इस बरसात में उन रास्तों पर जाना ठीक नहीं है। कहीं दुर्घटना हो गई तो?"

"तुम बुरा सोचते ही क्यों हो?"

"बीबी जी!" उसने हाथ जोड़कर कहा, "मैं बुरा नहीं, सही सोचता हूं। इस बरसात में उस इलाके की यात्रा वास्तव में खतरों से भरी होती है।"

"हम खतरों से खेलना जानते हैं।"

"जैसी आपकी मर्जी।" ड्राइवर ने अपना सहमति सूचक सिर हिलाकर कहा और वह भीगता हुआ चला गया।

'गांव...पिता...।' उसके मस्तिष्क में फिर गूंजने लगे।

तभी उसके तीनों बच्चों ने प्रवेश किया। गीता सबसे बड़ी लड़की थी। यही करीब तेरह साल की। ठीक अपनी मां रानो जैसी। प्यारी और गोरी। उसने आश्चर्य-भरे स्वर में कहा, "मम्मी, क्या हम गांव चलेंगे?"

"हां, बेटी।"

"लेकिन क्यों?"

उसने गीता की ओर देखा। उसकी आंखें गीली हो गईं। उसके स्वर में दर्द-सा तैरा। बोली, "बेटी, तुम्हारे नाना से मिलने?"

"क्या हमारे नाना जिंदा है?" गीता चौंक पड़ी।

"हां बेटी।"

गीता खुशी में झूम-सी गई। वह बरामदे के दाईं ओर भागकर बोली, "जो हुक्म।""सुरेश-महेश...सुनो...सुनो...हमारे नाना जिंदा है।...हम अपने नाना के पास जाएंगे।"

उसकी आवाज दीवारों में आहिस्ता-आहिस्ता खो गई।

रानो ने देखा—बरसात थमने लगी है। थोड़ी देर में भूषण ने आकर कहा, "गाड़ी तैयार है बीबी जी, ले आऊं?"

"हां।"

शीघ्र ही रानो, उसके तीनों बच्चे, नौकर शेरसिंह सब के सब कार में बैठकर चल पड़े। रास्ता बड़ा ही टेढ़ामेढ़ा था। कहीं मैदान और कहीं छोटे-बड़े पहाड़। मोड़ इतने कि हर पल ड्राइवर को चौंकना पड़े। हालांकि बरसात थम गई थी। फिर भी गीलापन वातावरण में था। तीनों बच्चे बड़ी उत्सुकता से उस मनोरम वातावरण का आनंद ले रहे थे पर रानो खामोश थी। एक लम्बी खामोशी उसने अपने आप पर थोप-सी रखी थी। अचानक उसने उस असह्य खामोशी को तोड़ा, "भूषण, तुम गांव के रास्ते को जानते हो न?"

"जी बीबी जी।...मैं कई बार गांव आया हूं।"

"क्यों?"

"साहब यहां हर साल लगान वसूली करने आते थे।"

"ओह!" उसने एक आह छोड़ी। तभी सुरेश बोला, "मम्मी, मम्मी...जरा उधर देखिए...कितने सारे तोते बैठे हैं?"

रानो ने कोई जवाब नहीं दिया लेकिन उसकी नजर अनायास उस ओर उठ गई। कार का हॉर्न बजा। तोते घबराकर उड़ गए।

रानो ने ड्राइवर से फिर पूछा, "वह महल जानते हो, जहां हमारे पिताजी रहते हैं?"

"जी, जानता हूं।" ड्राइवर ने बताया, "वह हमारे गांव से चार मील पड़ता है। एक पहाड़ी चट्टान पर बसा छोटा-सा महल है। नाम भी बहुत प्यारा—आकाश-महल।"

"उनके साथ कोई रहता है?"

"हां।"

"कौन?"

"एक स्त्री।"

रानो फिर खामोश हो गई। यह स्त्री कौन हो सकती है? क्या वह उसकी मां है? वह मानसिक संघर्ष में खो गई।

अब कार घाटी में से गुजर रही थी। ऊंची दीवारों की तरह घाटी थी। कुछ धुंधलका था जो अंधेरा-सा हो गया।

"कितनी डरावनी जगह है!" महेश ने कांपते हुए कहा।

एकाएक गीता बोल पड़ी, "देखो...वह क्या है?"

ड्राइवर भूषण ने कहा, "रीछ...है।"

"भालू...?"

"जी..."

"ओह! कितना भयानक है।"

घाटी समाप्त हो गई।

मैदान ही मैदान!

रास्ता कच्चा था। भूषण बड़ी सावधानी से गाड़ी चला रहा था। दिन पहाड़ियों में छुपने लगा। तभी 'आकाश-महल' दिखाई पड़ा। एक चट्टान पर बसा हुआ वह एक छोटा-सा महल था। सफेद संगमरमर का।

कार का हॉर्न बजा। उसकी गूंज से वह इलाका ध्वनित हो गया।

महल का मुख्य दरवाजा बड़ा था। आम किलों की तरह। दरवाजे के फाटक खुले थे। हॉर्न की आवाज सुनकर एक प्रौढ़ महिला बाहर आई। उसने कार को देखा और तेजी से भीतर चली गई। कार रुक गई।

एक अजीब-सा सन्नाटा पसर गया। ऐसा लगा, सब कुछ ठहर गया है, थक गया है। रानो और ड्राइवर एक साथ बाहर निकले। धुंधलका चोर की तरह भागा चला आ रहा था।

'आकाश-महल' के आसपास छोटी-छोटी सुन्दर पहाड़ियां थीं। पेड़ थे। हरियाली थी। बच्चे जिज्ञासा से भर गए थे।

रानो की आंखें महल के दरवाजे पर जमी हुई थीं।

देखते-देखते उस दरवाजे में से हाथ में लालटेन लिए हुए एक बूढ़ा निकला। लालटेन की रोशनी का दायरा उसके चेहरे पर पड़ रहा था। काला स्याह चेहरा, धंसी हुई आंखें, बड़ी-बड़ी कपास-सी सफेद मूंछे...गंजा सिर...। उस कंकालनुमा आदमी ने इधर-उधर देखा। फिर कार पर नजर जमाकर भारी आवाज में बोला, "कौन है भाई? यहां क्यों आए हो?"

रानो उसे पहचान गई। यही तो उसका बाप है। इसी ने उसे विवाह के पवित्र बन्धन में बांधा था। उसके लिए ऐसा दूल्हा ढूंढा था जिसने उसे बेपनाह प्यार किया था।

"अरे भाई, आप लोग जवाब क्यों नहीं देते? बोलो, कौन हैं आप?" ठाकुर महेन्द्रसिंह का स्वर कठोर हो गया। रानो अपने पिता की थकी और काली आकृति को देखकर पीड़ा से भर-भरा आई। उसके मन में दर्द का एक गुब्बार-सा उठा। वह चाहती तो यह थी कि भागकर जाए और अपने पिता के गले लग जाए पर उसने अपने को रोका। बड़ी कठिनता से उसने कहा, "पिताजी...मैं हूं, ...मैं आपकी रानो!"

"रानो, मेरी बिटिया रानो...। प्रूढ़ा खुशी में पागल-सा होकर कांपने लगा। उसने जल्दी से हाथ से लालटेन रखी और सीढ़ियां उतरकर बांहें फैलाकर भागा।

रानो भी अब अपने को जब्त नहीं कर सकी। वह भी भागी। वह बार-बार कह रही थी, "मेरे पिताजी...मेरे अच्छे बापू।"

दोनों आपस में एक-दूसरे से लिपट गए। दोनों की आंखें भर आई थीं। ठाकुर बुदबुदा रहा था, "मेरी लाडो...मेरी अच्छी बिटिया...तू नहीं जानती कि मेरा मन तुझे देखने के लिए कितना तरस रहा था, ये आंखें सदा उस रास्ते में बिछी रहती थीं जिस रास्ते से तू आने वाली थी।"

"पिताजी...आप मेरे पास क्यों नहीं आए?" रानो ने आंसू पोंछकर कहा, "मैं तो समझती थी कि आप..."

"हां-हां, बेटी, मैं तो तुम्हारे लिए मरा हुआ ही था। तुम्हारे पति की यही शर्त थी। मैंने भी तुम्हारी खुशी के लिए अपने सीने पर पत्थर रख लिया।"

रानो अपने पिता से हठात् अलग हो गई। जरा तमक कर बोली, "क्यों सीने पर पत्थर रख लिया? आप इतने मजबूर क्यों कर दिए गए?"

ठाकुर महेन्द्रसिंह गंभीर हो गया। वह जरा दूर हटकर बोला, "ये सब भाग्य के खेल हैं। ...तकदीर का लिखा कौन मिटा सकता है? लेकिन तुम यह तो बताओ कि यह सब तुम्हें किसने बताया?"

"आपके दामाद ने! मरते समय।"

"क्या, अजय मर गया?"

"हां पिताजी...वह मर गया। मरते समय उसने मुझे सब कुछ बता दिया।"

"मेरा कोई गुनाहों-भरा अतीत है।"

"वह झूठ बोला है।" ठाकुर जोर से बोला, "मेरी बेटी का कोई अतीत नहीं है। ...अरे मैं भी कहां उलझ गया? मेरे बच्चे कहां हैं।"

ठाकुर बड़ी नाटकीयता से कार की ओर बढ़ा। वह बोला, "मेरे प्यारे बच्चों, देखो, मैं तुम्हारा नाना हूं। आओ मेरे लाडलों!"

तीनों बाहर निकले। नाना ने उन्हें गले लगाकर चूमा। बोला, "चलो भीतर चलो। यह भी मेरा अपना महल है।"

रानो नजदीक आई। आकर बोली, "नहीं पिताजी, हम डाक-बंगले में ठहरेंगे। यहां बच्चों को असुविधा होगी।"

"ठीक है, ठीक है।" ठाकुर ने जरा भी एतराज नहीं किया।

रानो ने बढ़ते हुए अंधेरे को देखा। उसने अपने ड्राइवर को कहा, "भूषण, इन बच्चों को तुम डाकबंगले ले जाओ। मैं यहीं पर हूं।...और शेरसिंह, तुम बच्चों को खिला-पिलाकर सुला देना। देखो, इनका ध्यान रखना।"

"जो हुक्म।"

"कार को वापस ले आना, मैं इन्तजार करूंगी।" उसकी निगाह ठाकुर महेन्द्रसिंह पर चली गई। महेन्द्रसिंह की आकृति पर आशंका तैर रही थी। उसकी स्थिर निगाह में कोई सवाल उग आया था। कार चल पड़ी। उसका शोर जंगल की शून्यता में खो गया।

दोनों बाप-बेटी थोड़ी देर अजनबी-से बने रहे। न कोई बोला, और न कोई हिला-डुला। थोड़ी देर बाद ठाकुर ने कहा,

"आओ, भीतर चलते हैं।"

वे दोनों दरवाजे के पास आए। अभी वे खड़े ही थे कि एक काली मोटी बिल्ली ने उन दोनों का रास्ता काट लिया!

रानो चिंहुक-सी पड़ी। ठाकुर जरा मुस्कराकर बोला, "घबराओ नहीं, अपनी ही पालतू बिल्ली है।"

अब वे दोनों लालटेन के पास आ गए थे। एक चौकी थी। ठाकुर ने लालटेन उठा ली। अब रानी का गंभीर चेहरा साफ-साफ दिखाई दे रहा था।

ठाकुर भीतर की ओर जाने लगा। रानो ने कहा, "पिताजी! आप मुझे नहीं बता सकते कि मेरा कलंकित अतीत कौन-सा है?"

"तुम्हारा जीवन तो निर्मल नदी की तरह है। दर्पण की तरह साफ और बेदाग है। तुम्हें किसी ने बहका दिया है।"

"मुझे किसी ने बहकाया नहीं।" रानो ने दृढ़ता से कहा, "मुझे उस इन्सान ने कहा है जिसने मौत के पहले कभी भी मुझे डांटा तक नहीं। वह मुझे प्यार करता रहा। मुझ पर अपना सब कुछ लुटाता रहा। वह मुझसे झूठ नहीं बोल सकता।"

ठाकुर ने लालटेन जरा ऊंचा किया। दोनों की नजरें उस रोशनी में मिलीं। एक व्यथा-भरी घृणा ठाकुर की बूढ़ी आंखों में तैरी। भाव-भंगिमा भी अजीब-सी हो गई। पश्चाताप से सिर हिलाकर बोला, "वह बहुत ही दुष्ट और लालची था। उसने तुम्हें अपनाया जरूर पर मुझे भिखारी बनाकर। मेरी ममता को बेदर्दी से कुचल कर!...ओह! वह बड़ा ही विचित्र किस्म का आदमी था।...जानती हो, उसने मुझे जीते-जी मार दिया। उसने मुझे तुमसे कभी भी मिलने नहीं दिया।"

"लेकिन क्यों?"

"यह मैं नहीं जानता।"

"यह मैं जानती हूं।" वह तड़पकर बोली, "इसका रहस्य मैं समझती हूं। दरअसल उसे आपसे नहीं, आपकी ऐयाशी जिन्दगी से नफरत थी। वह जानता था कि आप गर्म और कच्चे गोश्त के सौदागर हैं। आपने मासूम कलियों की पंखुड़ियों को बड़ी बेदर्दी से नोचा है। क्या यह झूठ है?"

ठाकुर का अपराधी की तरह सिर झुक गया। वह लज्जा से अपनी गर्दन ऊंची नहीं कर सका।

"आपने इन्सानियत की चमक को खुरच-खुरच कर नोचा है। फिर आप चाहते हैं कि कोई आपकी इज़्ज़त करे।"

"मैं बहुत शर्मिंदा हूं।" ठाकुर ने बुझे हुए स्वर में कहा, "उसकी सजा भी मैं भोग चुका हूं। मैंने इसी के लिए ही तो अपना सब कुछ कुर्बान किया। अपनी जमींदारी और दौलत सब कुछ दे डाली। ...तुम्हें देखने के लिए मैं तरसता रहा पर मैंने अपने वचन को न तोड़ा।" उसने अपनी आंखों में आंसू पोंछकर कहा, "बेटी! क्या यह सज़ा कम है कि मैंने अपने पच्चीस साल इस अकेले महल में एक कैदी की तरह गुजार दिए? जो इन्सान भोग-विलास के समन्दर में डूबा रहता था,

वह पथरीली जमीन पर सो रहा है? ...ऐसा क्यों ...एक बार बेटी पूछ तो सही कि आपने इस जंगल में अभावों का दु:ख सहते अपनी उम्र क्यों काट दी?"

"बताइए, क्यों काटी?" वह यंत्रवत बोली।

"इसलिए बेटी कि मैं तुम्हें बहुत प्यार करता हूं। मैं तुम्हें किसी हालत में दु:खी नहीं देख सकता। तुम्हारी अच्छी जिंदगी के लिए मैंने एक नरक की जिन्दगी जी है...बेटी! बुरे संस्कार मुझे खून से ही मिले। मैं बहुत बड़ा जागीरदार ठहरा। पैसों का अभाव नहीं। गलत संगत का असर। सबने मुझे एक ऐयाश मुर्दा बना दिया पर मैंने उन सभी पापों का प्रायश्चित भी कर लिया है अब!"

यह सही भी था कि ठाकुर ने रानो को एक अच्छी जिन्दगी देने के लिए अपना सब कुछ दांव पर लगा दिया। उसने एक अत्यन्त ही निरीह और पीड़ादायक जिन्दगी जी। अपने ऐयाश प्रेत की हत्या करके उसने एक कैदी-सा जीवन जिया है। क्यों...क्यों...क्यों? ...सवाल पर सवाल उभरते गए। सिर्फ इसलिए कि वह उसे चाहता है, बहुत प्यार करता है। यहां उसे वह एक कर्तव्यपरायण बाप लगा।

उसने फिर कहा, "फिर मेरा वह अतीत...?"

"तुम्हारा कोई अतीत नहीं है! तुम्हें कहा न, कि अजय बहुत ही दुष्ट किस्म का आदमी था। वह किसी को सुखी देखना नहीं चाहता था। जीते जी मुझे तड़पाया और मरते समय तुम्हें भ्रमों के जाल में भटका गया।"

"मैं इसे नहीं मानती।" रानो ने दृढ़ता से कहा, "आप झूठ बोल रहे हैं। मैं कल गांव जाऊंगी। ...अपने पुराने किले में जाऊंगी।"

"नहीं-नहीं, वहां मत जाना। वह महल भूतहा है। उसमें प्रेतात्माएं भटकती हैं।" ठाकुर कांप-सा गया।

"मैं भूत-प्रेतों पर विश्वास नहीं करती।"

"लेकिन मैं तुम्हें वहां नहीं जाने दूंगा।"

"मैं जाऊंगी। मुझे वहां जाने से कोई नहीं रोक सकता।" रानो ने दृढ़ता से कहा। कार आ गई थी। उसकी घूमती हुई रोशनी उसपर पड़ी।

"बेटी! अपने-आपको खतरे में मत डालो। उस महल में प्रेतात्माएं हैं।"

"मैं उन्हें देखना चाहती हूं।" रानो कार की ओर बढ़ती हुई बोली, "पिताजी! मेरे मन में अजीब से संदेह पल रहे हैं कि जरूर मेरा अतीत कलंकित है वरना न तो आप अपना सब कुछ अजय को देकर दीन-हीन बनते; और न आज मैं इतना विचलित होती।"

"रानो...मेरी बात मानो, किले की ओर मत जाना।" ठाकुर ने विनती की।

रानो ने उसका कोई जवाब नहीं दिया। वह लपककर अपनी कार की ओर बढ़ी। उसमें बैठ गई। रानो ने मोड़ पर कार के मुड़ते ही देखा कि उसका बाप हाथ में लालटेन लिए खामोश-खामोश सा खड़ा है। चांदनी रात थी। दूधिया सारे गांव पर चादर की तरह पसरी हुई थी। चारों ओर सन्नाटा फैला हुआ था। उस खामोश चांदनी में वह काले पत्थरों का महल सचमुच कोई रहस्य भरा महल लग रहा था। दो-मंजिला महल और उसपर खड़े गुम्बद!

महल के तीन ओर बसा हुआ गांव! चुप-चुप और खामोश! वह उसे अपलक निहारती रही। डाकबंगला के आसपास भी नीरवता थी। वह कभी महल और कभी उसके पास से बहती नदी को देख रही थी। नदी के उस पार भी बड़ी बस्ती थी। उस बस्ती में कई घर कच्चे थे। देखते-देखते अंधड़-सा उठा। हवा के तेज झोंके तूफान बनकर आते हुए लगे। चारों ओर खड़े वृक्ष झूमकर चिंघाड़ उठे। वह भी सहम गई। पता नहीं आजकल इस मौसम को क्या हुआ जा रहा है? कभी आकाश धोए हुए कपड़े की तरह साफ लगता है और कभी उसमें चगदे ही चगदे तैरते हुए नजर आते हैं। रानो विचारों में डूबी हुई खड़ी थी। तूफान ने उसे घेर लिया था। वह खंभे की तरह खड़ी थी। एकाएक जोरदार गरज से धरती कांप गई। बिजली भी ऐसी कड़की कि दूर तक गूंजती चली गई। फिर बूंदाबांदी होने लगी। वह भागी नहीं। वर्षा की बौछारों को सहती रही। वह भीग कर तर हो गई। उस भीगे हुए बदन में उसका ढुलता हुआ सौंदर्य और सुडौल बदन काफी आकर्षक लगने लगा।

जब वर्षा बहुत ही तेज हो गई तब वह नीचे आई। उसने कपड़े बदले। फिर वह अपने बच्चों के पास आई जो सो चुके थे। केवल शेरसिंह जाग रहा था। वह खोया-खोया सा बीड़ी पी रहा था। उसने कुर्सी डाल ली। वह उसपर बैठ गई। पुकारा, "शेरसिंह!"

"आया बीबीजी।" शेरसिंह ने बीड़ी को दीवार से बुझाया और लपककर रानो के पास आया। हाथ जोड़कर खड़ा हो गया।

"तुम साहब के साथ यहां आए थे?"

"आया था।"

"कभी महल में गए थे?"

"जी नहीं।"

"क्या साहब भी महल में जाते थे?"

"नहीं बीबीजी, उन्हें तो इस किले से चिढ़ थी।" शेरसिंह ने गंभीर होकर कहा, "यदि उनका वश चलता तो वे इस महल को नेस्तनाबूद करवा देते! पता नहीं, उन्हें इस किले से क्यों नफरत थी?"

रानो को एक धक्का-सा लगा। उसका भ्रम विश्वास में बदलने लगा। हो न हो, इस महल के साथ अवश्य ही उसके अतीत का सम्बन्ध है। यदि ऐसा नहीं होता तो इस महल के प्रति अजय को इतनी घृणा नहीं होती?

"और तुमने इस महल के बारे में क्या-क्या सुन रखा है?"

शेरसिंह ने कुछ देर तक सोचा। फिर वह बोला, "सुना है, ठाकुर साहब के अत्याचारों से तड़प-तड़पकर मरने वाली रियाया के लोग इस महल में भूत बनकर रहते हैं। इसलिए ही लोग उस महल में नहीं जाते? ...मैंने एक बार अपनी आंखों से इस महल में आग की मशाल को चलते हुए देखा था। बीबीजी! यह महल भूतों के डेरों के सिवाय कुछ नहीं है।"

रानो गंभीर हो गई। उसकी आकृति पर गम की छाया तैरने लगी। उसने लम्बा सांस लिया। दरअसल वह भूत-प्रेतों पर अपने आपको विश्वासी नहीं बना पाई। उसे यकीन नहीं हो रहा था कि इस तादाद से उसके महल में भूत-प्रेत होंगे? भूत-प्रेत तो महाबलशाली होते हैं। वे तो एक पल में बरबादियों का खेल कर सकते हैं। दुनिया को बना-मिटा सकते हैं और मेरे महल के भूत तो उसमें कैद की जिन्दगी बसर कर रहे हैं। ...जरूर यह गलत बात है। इसमें कोई भी दम नहीं है। उसने लगभग निर्णय लेकर कहा, "कल मैं महल में जाऊंगी।"

"आप?"

"हां, क्या तुम चलोगे?"

"नहीं बीबीजी।" शेरसिंह जरा भयभीत होकर बोला, "मुझे मेरी जान प्यारी है। मैं जानबूझ कर अपनी मौत को नहीं बुला सकता।"

"कायर कहीं के।" रानो ने उसे डांटा, "कहता तो रहता है कि मैं आप पर अपनी जान निछावर कर सकता हूं।"

"यह बात तो मैं अब भी कह रहा हूं..." शेरसिंह ने विनम्र शब्दों में कहा, "पर जानबूझकर सांप वाली हंडिया में हाथ डालना कहां की अक्लमंदी है?"

"ठीक है, कल मैं अकेली जाऊंगी।"

"यह सलाह मैं आपको नहीं दे सकता।"

रानो ने कोई जवाब नहीं दिया। उसने हाथ के इशारे से शेरसिंह को जाने का संकेत किया। शेरसिंह चला गया। रानो के चारों ओर सन्नाटा फैल गया। वह इधर-उधर देखने लगी। केवल अंधेरे के साए मंडरा रहे थे। केवल बादल गरज रहे थे। हां, वर्षा बंद हो गई थी।

उसने अपने मस्तिष्क पर जोर डाला। उसने फिर अपने अतीत को टटोलने की कोशिश की। शायद उसके मस्तिष्क की बंद कड़ियां खुल जाएं। कहीं कोई अपरिचित अध्याय शुरू हो जाए। कहीं कुछ ऐसा घट जाए जो अद्‌भुत हो। जोर से बिजली कड़की। सूने महल के गुम्बदों पर वह सोती हुई लगी। पल भर के लिए रानो ने अपनी आंखें बंद कर लीं। उसे लगा कि भयंकर बिजली ने महल के गुम्बदों को तोड़ डाला है। बड़ी देर तक वह आंखें बंद किए पड़ी रही। फिर उसने धीरे-धीरे अपनी आंखें खोलीं। घना अंधेरा फैल गया था। चांद घटाओं की गहरी परतों में चला गया। सहसा उसे महल में रोशनी चलती हुई दिखाई पड़ी। उसके बदन में कंपकंपी छूट गई। रोशनी भाग-सी रही थी। भागते-भागते वह गायब हो गई।

वह भय से भर गई। उसे अपने बदन से पसीना छूटने का अहसास हुआ। भूत-प्रेतों के बारे में उसमें जो अविश्वास की भावना थी, वह यकीन में बदलने लगी।

इस भयानक और काली अंधेरी रात में इस महल में कौन हो सकता है? एक ठंडी झुरझुरी उसके मस्तिष्क में फैल गई। थोड़ी देर तक सारा महल अंधेरे में डूबा रहा। उसे फिर वही जलती हुई रोशनी दिखाई दी। उस रोशनी की शक्ल एक मशाल की तरह थी।

इस बार रोशनी गोलाकार चक्कर में घूमी। फिर ऐसा लगा कि कोई आग से खेल रहा है। सहसा आग बुझ गई। रानो रोमांचित हो गई।

'कौन हो सकता है इस महल में? कौन पूर पच्चीस साल से इसमें भटक रहा है?' ...यह सवाल उसे सालता रहता। दु:ख देता रहा?

वह सोचती रही। सोचते-सोचते बेचैन होती रही। न जाने उसे कब नींद आ गई, उसे नहीं मालूम? हां, उसे इतना जरूर

याद आ रहा था कि वह आरामकुर्सी पर जरूर बैठी थी।

रात ढल रही थी।

सुबह हो गई थी। उसकी ताजा हवाएं रात का भीगापन लिए हुए फैल गई थीं। मन को खुशियों से भरने वाली थी। सूर्य देवता उग आए थे। उसकी किरणें डाक-बंगले की दीवारों को चूमने लगी थीं। उस धूप में महल चमक रहा था।

वह अलसा कर उठी। उसके बच्चे अब भी सो रहे थे। भूषण कार को साफ कर रहा था। शेरसिंह स्नान करके हरि ओ३म् नमः शिवाय के शब्द उच्चारित कर रहा था।

वह उठकर फिर बरामदे में खड़ी हो गई। वही रहस्य भरा महल उसके सामने खड़ा था। काले पत्थरों का बना एक

शानदार किला।

वइ अपलक देखते-देखते बुदबुदाई कि इसी महल में उसका कोई कलंकित अतीत है। वह बेचैन हो गई। एक दर्द की लहर उसके शरीर में दौड़ गई।

उसने एक लम्बी आह छोड़ी। फिर वह शेरसिंह के पास आकर बोली, "मेरे लिए शीघ्र ही चाय-नाश्ते की व्यवस्था करो,

मैं किले में जाऊंगी।"

शेरसिंह गंभीर हो गया। बोला, "बीबीजी! मुझे आपको सलाह देने का कोई हक नहीं है, फिर भी मैं इतना जरूर कहूंगा कि आप यह कदम मत उठाइए। खुद मालिक भी हम सबको इसके लिए मना करते थे। भूत-प्रेतों में बड़ी ही ताकत होती है। वे तो एक तरह से देवताओं की माफिक होते हैं। उनसे छेड़छाड़ करना कोई बुद्धिमानी नहीं। वे पीछे लग गए तो उनसे फिर छुटकारा पाना कठिन है।"

रानो ने जलती आंखों से उसे देखा। शेर सिंह, सहम गया। रानो ने कहा, "शेरसिंह! तुमने ठीक कहा कि तुम्हें सलाह नहीं देनी चाहिए। जो मैंने कहा है, उसपर अमल करो।"

"जैसा आपका हुक्म।" शेरसिंह अपने काम में लग गया।

चाय पीते-पीते रानो ने कहा, शेरसिंह, बच्चों का ख्याल रखना, वे मेरे बारे में पूछें तो कह देना कि काम से गई है।"

शेरसिंह ने कोई जवाब नहीं दिया। वह उठ गई। उसने आकाश की

ओर देखा। आज आकाश साफ था और बहुत गहरा नीला लग रहा था जैसे किसी ने उसे खूब अच्छी तरह धो दिया हो। उस नीले आकाश में एक अबाबील अकेला उड़ रहा था। वह उसे एकटक देखती रही। फिर उसके ललाट में बल पड़ गए हालांकि वह अपने भीतर के संघर्ष से घबरा रही है। फिर वह धीरे-धीरे बरामदे में से निकलकर बाहर आई जहां भूषण कार के पास खड़ा था।

"भूषण!"

"जी।"

"कार तैयार है?"

"जी।"

"चलो।" उसने आज्ञा भरे स्वर में कहा।

भूषण ने कार का पिछला दरवाजा खोला। रानो उसमें बैठ गई। कार चल पड़ी। रानो ने देखा कि शेरसिंह आकाश की ओर निगाह उठाए हुए भगवान से प्रार्थना कर रहा है। कार जैसे ही बस्ती में पहुंची वैसे ही गांव वाले उत्सुकता से भर गए। कई लोग भागकर आए पर कार जाकर महल के संकरे रास्ते पर रुक गई।

रानो कार से नीचे उतरी। वह आशंकाओं से भर आई। उसने चारों ओर देखा। महल शांत था। सारे संकरे रास्ते पर पेड़ और झाड़ियां थीं। रास्ता भी कई तरह की पत्तियों से भरा था। उबड़-खाबड़ था। भूषण ने एक बार फिर कहा, "बीबीजी, इस महल में जाने का इरादा छोड़ दीजिए।"

"नहीं।"

उसी पल गंगू आ गया। गांव का सबसे बूढ़ा आदमी। सारे बाल, मूंछें और दाढ़ी सन की तरह सफेद थे। चेहरा झुर्रियों से भरा था। हाथ में लकड़ी थी। वह हर कदम लकड़ी का सहारा लेकर उठाता था। उसके मुंह में एक भी दांत नहीं था। वह नजदीक आकर बोला, "कौन हो तुम? ...यहां क्यों आई हो?"

"मैं रानो हूं। ठाकुर महेन्द्रसिंह की बेटी।"

"क्या?" उस बूढ़े की आंखें फट गईं।

"हां बाबा, मैं रानो हूं।"

बूढ़े ने थूक निगलकर कहा, "क्या तुम अभी तक जिंदा हो?"

"आपके सामने खड़ी हूं न?"

"पूरे पच्चीस साल बाद मैंने तुम्हें देखा है। ...हमने तो समझा था कि तुम मर गई हो?"

"ऐसा क्यों समझा था? बूढ़े ने लम्बा सांस लिया। उसके चेहरे पर दर्द उभरा जिससे वह और घिनौना लगने लगा। फिर वह उसको घूरता हुआ-सा बोला, "मुझे अब भी विश्वास नहीं होता कि तुम जिंदा हो। अजय बाबू को मैंने हर बार पूछा था और उन्होंने हर बार यही उत्तर दिया था कि वह मर गई है।"

"क्या?" वह चौंक पड़ी।

"हां बेटी, वह सदा मुझे यही कहते थे। वह आज क्यों नहीं आए?"

"वह अब इस दुनिया में नहीं है।" रानो ने सिर झुकाकर कहा।

"हे भगवान! बूढ़े के मुंह से आह-सी निकली। वह गर्दन लटकाकर कुछ पल खड़ा रहा। फिर बोला, "बड़े जालिम आदमी थे। किसी भी किसान का एक पैसा नहीं छोड़ते थे। धन का उन्हें बड़ा लालच था पर हमारे ठाकुर की तरह बहू-बेटियों पर बुरी निगाह नहीं रखते थे। चरित्र के बड़े पक्के थे। बस, हमारे ठाकुर महेन्द्रसिंह और अजय बाबू में यही अन्तर था।"

वह सहसा चौंककर बोला, "पर तुम यहां क्यों आई हो?"

"मैं इस महल में जाना चाहती हूं।"

"इस किले में?" वह आश्चर्य से चौंक पड़ा। उसकी आंखें फट गईं। वह सलाह-भरे स्वर में बोला, "तुम्हें इस महल में नहीं जाना चाहिए।"

"क्यों?"

"इसमें भूत-प्रेतों का वास है। बूढ़ा बोला, "गांव के कई लोग गए जो वापस नहीं आए।"

रानो के न चाहने पर भी उसके भीतर भय की लहर दौड़ गई। एक पल के लिए उसका साहस डगमगाने लगा। उसने साहस बटोरकर कहा, "मैं भूत-प्रेतों पर विश्वास नहीं करती।"

"हम भी नहीं करते थे।" बूढ़ा बोला, "पर जब अलगू चौधरी अकड़कर भीतर गया और तीन दिन के बाद उसकी लाश मिली तब सबको यकीन करना पड़ा। बेटी! हाथ कंगन को आरसी क्या? ... कई बार रात को इस महल में दीये जलते हुए देखे हैं। ... आप नहीं जानती कि आपके पिता ने

कितना जुल्म किया है। मासूम कलियों को इसी महल के 'रंग विलास' में बेदर्दी से नोचा है, वे प्यासी आत्माएं जो अकाल मौत की शिकार हुईं, अब प्रेतात्माएं बनकर भटक रही हैं। उनकी कोई भी गति-मुक्ति नहीं है।"

रानो बुत की तरह खड़ी रही। उसने काफी सोचकर पूछा, "और बाबा, आपने मेरे बारे में क्या सुन रखा है?"

"मैं नहीं समझा।"

"मेरे कहने का मतलब है कि कोई ऐसी घटना मेरी जिन्दगी में घटी है जो गुनाहों से भरी हुई है?"

"मैं नहीं जानता।"

"तुम झूठ बोल रहे हो? तुम मुझसे छुपा रहे हो? बोली, मुझसे आंखें क्यों चुरा रहे हो?"

"कहा न मुझे कुछ मालूम नहीं। बूढ़ा वापस मुड़ते हुए बोला, "मेरी मानो तो इस किले में मत जाना, भूलकर भी मत जाना।"

और बूढ़ा लकड़ी की खटखट करता हुआ चला गया। कुछ देर तक सन्नाटा पसरा रहा। भूषण नजदीक आकर फिर बोला, "बीबीजी, जब सभी ही टोक रहे हैं तो आप महल में मत जाइए।"

"मैं जाऊंगी।" उसने हठपूर्वक कहा, "मैं अपने उस कलंकित अतीत को जानना चाहती हूं। उसकी परत-दर-परत को नंगा करके असलियत को समझना चाहती हूं।"

भूषण ने कोई जवाब नहीं दिया।

रानो उस संकरे रास्ते में बढ़ गई।

रास्ता सचमुच संकरा था।

चारों ओर सीलन की बास आ रही थी। कहीं-कहीं पत्तियां सड़ गई थीं जिससे पावं धंस जाता था। रानो भय से कांप-सी जाती थी। घने पेड़ों की वजह से जरा धुंधलका भी था, उस धुंधलके के कारण रानो का कलेजा और कच्चा पड़ रहा था।

एकाएक वह चीख पड़ी। उसे पेड़ की डाल से एक सांप लटकता हुआ दिखाई दिया। उसका बदन पसीना-पसीना हो गया। वह कुछ देर तक आंखें मूंदें खड़ी रही। फिर उसने साहस करके अपनी आंखें खोलीं। सांप पहले की तरह ही लटक रहा था। उसने गौर से देखा। सांप ने कोई हरकत नहीं की।

उसने हिम्मत करके एक पत्थर उठाया। उसे फेंका। सांप फिर भी शांत रहा।

अब उसका साहस बढ़ा। उसने नजदीक जाकर देखा तो वह अपनी नादानी पर खिलखिला पड़ी। सब कुछ भूलकर उसने अपने को डांटा, "धत् तेरे की, यह तो काली रस्सी है। मैं तो खामखा ही डर गई।"

उसमें नई हिम्मत जाग गई थी। वह चुपचाप चल पड़ी। रास्ता दाईं और घूम गया था। वह चलती रही। एक जगह चट्टान में खोह थी। उस खोह के मुंह पर मकड़ी का बड़ा-जाला था। उस जाले में एक कीड़ा फंसा हुआ था। उस कीड़े पर दो मकड़ियां एक साथ हमला कर रही थीं। कीड़ा तड़प रहा था।

वह रोमांचित होकर आगे बढ़ गई।

थोड़ी देर में वह महल के मुख्य दरवाजे के सामने खड़ी थी। काले पत्थरों का महल। उसका विशाल दरवाजा। उस विशाल दरवाजे के बाएं किवाड़ में एक छोटा-सा दरवाजा था। वह दरवाजा खुला था। रानो विचारों में डूबी हुई उस दरवाजे के सामने खड़ी हो गई। किवाड़ लकड़ी के थे। उन किवाड़ों पर पीतल की परतें चढ़ी हुई थीं। उन परतों पर कई तरह की नक्काशी थी। दरवाजे की कड़ियां शेर के मुंह जैसी थीं। दोनों ओर के खम्भों पर अद्वितीय नक्काशी निकली हुई थी। खंभों पर हाथी की गर्दन थी। हाथियों की सूंडों में फूलमालाएं थीं। दरवाजे के बीचोंबीच जहां दोनों पत्थर मिलते थे, वहां गणेश जी की प्रतिमा थी। उसके ऊपर के झरोखे महीन नक्काशी के, कलात्मकता के प्रतीक थे। जगह-जगह मिट्टी जमी हुई थी। रानो उन्हें देखती रही। देखते-देखते वह अजीब भावों से विभोर-सी हो गई। उसकी आंखें नम हो गईं। उसने सोचा कि यह मेरा महल है। मैं इसकी मालकिन हूं। इस महल के चप्पे-चप्पे में मेरा बचपन और यौवन की अठखेलियां और हंसी गूंजी होगी।

और वह साहस करके भीतर चली गई। एक सीलन की बास का भभका हवा के साथ आकर उसके सिर को भन्ना गया। दरवाजे के भीतर एक लम्बा गलियारा था। इस गलियारे के बाद बैठकखाना था। बैठकखाने के दोनों ओर दो कमरे थे।

ये कमरे बन्द थे। उन कमरों के ताले भी बड़े ही पुराने ढंग के थे। वह उन पर निगाह जमाती हुई बाईं ओर के रास्ते की ओर बढ़ गई।

बाईं ओर के कमरे से बिलकुल लगता हुआ एक तीन फीट का रास्ता था। यह रास्ता काफी लम्बा था और जंगली बेलों से ढका हुआ था।

रानो ने उस रास्ते को देखा। सन्नाटा ही सन्नाटा। उसे लगा कि यहां का सन्नाटा भी कुछ भयभीत है। डरपोक है। वह उस रास्ते में घुस गई। चलती रही। दीवारों पर काई जम गई थी। रास्ते में भी जरा कीचड़ था। वह आहिस्ता-आहिस्ता चल रही थी। उसकी आकृति पर तरह-तरह के भाव आ-जा रहे थे। कभी-कभी वह जरा-सी आहट से चौंक जाती थी। सहमकर खड़ी हो जाती थी।

रास्ता जहां खत्म होता था, वहां एक दरवाजा था। उस दरवाजे का एक किवाड़ खुला था। रानो ने भीतर गर्दन डालकर झांका—थोड़ी दूर पर उजाले का सैलाब-सा नजर आया।

उसमें हिम्मत जागी। वह भीतर चली गई। वह छोटा-सा कमरा था। उसके कोने में भयानक मकड़ी के जाले थे। रेत की परत फर्श पर बिछी थी। दीवार पर एक आदमकद तस्वीर लगी थी। उस तस्वीर पर एक काली मखमल का पर्दा था। पर्दा गल चुका था।

रानो कुछ देर तक तो जिज्ञासावश उसे देखती रही। फिर उसने पर्दे को खींचा। पर्दा रेत के महल की तरह नीचे आ गिरा। उसने लपककर खिड़की को खोला। वह तस्वीर किसी महिला की थी। घाघरे, ओढ़ने, कांचली पहने हुए वह कोई बूढ़ी महिला थी। उसका एक-एक अंग सोने के गहनों से लदा था। कहीं-कहीं हीरे-मोती के भी गहने थे। उसके नीचे लिखा था—चौहानरानी गायत्री देवी।

वह खड़ी-खड़ी अपने खानदान की प्रभावशाली व दबदबे वाली ठकुरानी को देखती रही। फिर वह बाहर निकल गई। बाहर एक बड़ा आंगन था। उस आंगन के बीचोंबीच एक नीम का वृक्ष था। आंगन के चारों ओर छोटे-छोटे कमरे बने हुए थे।

रानो का शरीर पसीना-पसीना था। फिर भी वह वापस नहीं लौट रही थी। उसके दिल में एक जिज्ञासा, एक बेचैनी और देखने की तीव्र लालसा थी।

वह बीच वाले कमरे की ओर बढ़ी। उसने उसका दरवाजा खोला। घोर अंधेरा था वहां। वह डरकर पीछे हट गई। कुछ देर तक सोचती रही। फिर

वह भीतर की ओर जाने का साहस जुटाने लगी लेकिन वह असफल रही। उसे महसूस हुआ कि उसने अकेले महल में आने का हठ कर अच्छा नहीं किया। उसे पछतावा-सा होने लगा। जब उसकी हिम्मत ने जवाब-सा दे दिया तो वह वापस घूमी। अभी वह दो कदम ही चली होगी कि किसी का बड़े-बड़े नाखूनों वाला पंजा उसके कन्धे पर पड़ा। उसने एक झटके के साथ उसे दबोचा। रानी के मुख से चीख निकल गई। दहशत के मारे उसका शरीर कांप उठा। उसने अपने को छुटकारा दिलाना चाहा पर उस रहस्यमय पंजे ने उसे झपाटे के साथ खींचकर दबोच लिया। रानो ने जैसे ही आंखें घुमाकर देखा, वैसे ही वह भय के मारे फिर चीख पड़ी...एक डायन की शक्ल वाली खूंखार औरत! काली-कलूटी...लम्बे-लम्बे सफेद बाल...एक आंख कानी, नाक फैली हुई थी...गहरी झुर्रियां...झुलसा हुआ चेहरा। रानो कांपती रही। कांपते-कांपते वह अचेत हो गई।

उस डायन ने उसे वहीं सुला दिया। वह उसे गौर से देखने लगी। उसकी एक आंख उसे घूरते-घूरते अंगारे की तरह दहकने लगी। उसकी वह भयानक आकृति और खूंखार होती गई। उसने उसे कई बार झिंझोड़ा। फिर उसके भद्दे होंठों पर एक सूखी मुस्कान आ गई।

वह उठी और गायब हो गई। थोड़ी देर बाद वह पानी लेकर लौटी। उसने रानो के चेहरे पर पानी छिड़का। थोड़ी देर में रानो को होश आया। रानो ने अपनी आंखें खोलीं। वह खूंखार आकृति बोली, "तू...तू रानो है...मुझसे डरो नहीं, मैं तुझे पहचानती हूं।"

रानो उससे काफी दूर हटकर घबराए हुए स्वर में बोली, "तुम...तुम कौन हो? क्या तुम्हीं इस महल की प्रेतात्मा हो?"

"हां, मैं ही इस महल की प्रेतात्मा हूं। एक मनुष्य योनि में शापित जीवन बिताने वाली प्रेतात्मा! वर्षों से तुम्हारा इन्तजार करने वाली एक आत्मा!"

"पर तुम तो आदमी की तरह बोलती हो?"

"हां।"

"फिर?"

"कहा न?" वह प्रेतात्मा बोली, "मैं तुम्हारा पच्चीस साल से इन्तजार कर रही हूं। रानो! मैं तुम्हें आज भी नहीं भूली हूं।"

मैंने तुम्हें ढलती हुई उम्र में भी पहचान लिया है।"

"लेकिन तुम हो कौन?"

"मैं लंका हूं। इस महल की हर बात को जानने वाली एक अभागी मां।"

"लंका, क्या मैं इसी महल में रहती थी?"

"हां...! इसी महल में तुम्हारा बचपन और यौवन बीता है।...तुम मेरे चेहरे की भयानकता से मत डरो। मैं डायन नहीं हूं। मैं प्रेतात्मा भी नहीं हूं। जुल्मोसितम की सताई हुई एक दुखियारी हूं। मैं एक ऐसी अभागी मां हूं जिसके बेटे की दर्दभरी चीखोंपुकार इस महल में आज भी गूंज रही है। ...आओ, मैं तुम्हें पहले सारा महल दिखाऊं...।"

लंका उसे एक कमरे में ले आई। "यह कमरा तुम्हारे पिता ठाकुर महेन्द्रसिंह का है। इस कमरे में ठाकुर सदा अफीम का घोल बनाकर पीता था। इसी कमरे में ठाकुर की शराब पड़ी रहती थी। ...आओ। ...यह पीछेवाला कमरा है न, यह तुम्हारे बाप का ऐयाशगाह था। इसी कमरे में वह वासना का कीड़ा मासूम अबलाओं की जिन्दगी को बरबाद करता था। उनकी इज्जत लूटता था। रानो! इस कमरे की एक खास विशेषता है! तुम जरा बाहर जाओ। ...जाओ तो!"

रानो बाहर चली गई।

लंका जोर-जोर से चिल्लाई। फिर उसने रानो को बुलाकर पूछा, "मैं अभी चीखी-चिल्लाई थी, पर तुमने आवाज सुनी?"

रानो ने गर्दन हिलाकर कहा, "नहीं।"

लंका ने लम्बा सांस लेकर कहा, "इस कमरे में तुम्हारा बाप रोती-चीखती नाजुक कलियों को...दिल नफरत से भर आता है। ...आओ इस महल में कई कहानियां हैं। ...पहले इस महल को अच्छी तरह से देख लो।"

लंका आगे चल पड़ी।

रानो सम्मोहित-सी उसके पीछे-पीछे चल रही थी। अब वे पिछले हिस्से में थी। पीछे एक बारादरी थीं बारादरी से लगी चारदीवारी थी। वे दोनों वहां आईं। लंका ने एक छोटे दरवाजे को खोला। पीछे एक नदी थी जिसकी मौज महल की पिछली दीवार से इस प्रकार टक्करें मार रही थीं मानो वे अपना सर फोड़ रही हो। शायद वे बदले की आग में जलकर दीवार को तोड़ना चाहती हों। खिड़की के आगे बरगद का पेड़ झूम रहा था। वहां एक टूटा-फूटा चबूतरा था। महल के पिछवाड़े की पहली मंजिल पर जो कमरा

बना था, उसकी खिड़की के नीचे एक पुरानी रस्सी लटक रही थी। ऐसा लग रहा था कि मुद्दत पहले यह रस्सी खिड़की और दीवार से बंधी हुई थी। उसकी गांठ पर काली-काली रंगत चढ़ी हुई थी। पच्चीस सालों के थपेड़े भी उस रस्सी की गांठ को खोलने में असमर्थ थे।

खिड़की से थोड़ी दूर पर एक गोल पत्थर का चक्का नजर आता था। उसके पास ही बैलों को बांधने वाली एक लोहे की मोटी जंजीर पड़ी हुई थी। पत्थर के चारों ओर काली और हरी काई जमी हुई थी। गोया पिछले लम्बे अर्से में उसे किसी ने छुआ ही नहीं है। पत्थर के बीच एक ओर जाती हुई लोहे की राड भी बिलकुल जंग खा गई थी जिसके कोने पर एक कंधे पर रखने का जुआ पड़ा था। जो बैलों के इस्तेमाल के काम आता था।...

रानो ने इन सबको गौर से देखा। सारी चीजें उसकी जानी-पहचानी थीं। शादी के पहले उसने इन सभी चीजों को देखा था।

लंका ने सारे महल को अपनी नजर में भरकर कहा, "इस महल और उसके पिछवाड़े की एक-एक चीज को देख रही हो?"

"हां।"

"इन्हें तुमने भुलाया नहीं है?"

"वाह! भुला कैसे सकती हूं? जब मेरी शादी हुई थी न, तब मैंने इन्हें आखिरी बार बड़े ही अपनेपन से देखा था।"

"शादी के पहले इस महल में क्या हुआ था, वह भी तुम्हें याद है रानो?"

"नहीं।"

"उसे याद करो। इस रस्सी, इस खिड़की के नीचे कराहते हुए एक प्रेमी...याद करो अपने अतीत को..."

"तुम मेरे अतीत को जानती हो?" वह तड़पकर बोली, "लंका...लंका, मैं अपने उसी कलंकित अतीत को जानने के लिए यहां आई हूं। ...वह कौन-सा अतीत है...बोलो...लंका बोलो...वह अतीत मुझे क्यों नहीं याद है?"

लंका दुःख में डूब गई। वह धम से बैठती हुई बोली, "वह एक बड़ी ही दर्दभरी कहानी है। ...रानी बिटिया, उस कहानी की एक-एक घटना इस महल की हर दीवार और हर खिड़की जानती है। ...तुम अपना पिछला जीवन भूल चुकी हो। तुम्हें यह भी पता नहीं कि इस महल में तुम्हारी जिन्दगी के

सबसे खूबसूरत दिन बीते थे। मैं इसीलिए मरी नहीं क्योंकि मैं तुम्हें वह सब बताना चाहती थी जो तुम्हारे पिता और पति के आतंक व जोर-जबरदस्ती के कारण कोई नहीं बता सका। उन्होंने सबके मुंहों पर ताले लगवा दिए थे। उनकी लाठियों व जुल्मों के सामने कोई नहीं बोल सकता था। ...कैसे अन्यायी और अत्याचारी लोग थे। खुद तो हर सुन्दर युवती को मगरमच्छ बनकर हड़प जाना चाहते थे और अपनी बेटी को पवित्र प्रेम करने देने की भी इजाजत नहीं देते थे...पूरे पच्चीस साल पहले..."

रानो तन्मय होकर उस अतीत को जानने लगी जिसके बारे में उसके पति ने एक रहस्य-भरा इशार किया था। उसका अतीत :-

ठाकुर की लड़की का नाम रानो था। वह इस कदर खूबसूरत थी कि हाथ लगाए मैली हो जाए। ठाकुर ने उसका नाम रानी रखा था पर थोड़े ही दिनों में रानी को प्यार से सभी रानो कहने लगे। उसकी पैदाइश पूनम की रात को हुई थी। जब खूबसूरत भरपूर चांदनी धरती पर फैली हुई थी। जब सारी धरती अपूर्व सुन्दरता से सजी थी। रानो को देखकर ऐसा मालूम पड़ता था जैसे भगवान ने उसमें सारी कलाएं भर दी हों। उसकी सुन्दरता पर उसके मां-बाप को नाज था। उसके परिवार व गांव वालों को नाज था। यहां तक कि हर इन्सान को उसके रूप पर नाज था। कई लोग तो उसे देखकर कहते थे, 'चांद के चेहरे पर तो दाग है पर रानो का चेहरा तो बेदाग है।' उसकी आंखें कजरारी व बड़ी-बड़ी थीं। उसमें बेपनाह खिंचाव था। उसकी मुस्कराहट के सामने चांदनी लजा जाती थी। जब वह रूठकर अपनी आंखों में आंसू भरती तो हर दिल तड़प जाता था। ठाकुर महेन्द्र सिंह रानो को बहुत प्यार करता था। उसकी एक-एक बात पर वह सब कुछ बलिदान कर देता था। रानो को वह जरा भी उदास और दुःखी नहीं देख सकता था।

एक दिन की बात है।

ठाकुर गांव के नाई बसंता की नवविवाहिता बेटी को अपने महल में उठा लाया। ठाकुर ने जैसे ही अपने ऐयाशगाह में प्रवेश किया वैसे ही ठकुरानी आ गई। ठाकुर उसे देखते ही तड़प उठा। आंखों में चिनगारी भरकर बोला, "तुम...तुम यहां क्यों आई हो? मेरे इस विलास-भवन में आने की तुम्हें किसने इजाजत दी?"

"ठाकुर साहब!" रानी की भवें तन गई। वह शेरनी की तरह निर्भीक होकर बोली, "आपको शर्म आनी चाहिए कि आप इस मासूम लड़की को अपनी वासना की भूख मिटाने के लिए ले आए। ...ठाकुर साहब! यह आपकी बेटी की तरह है। इस पर अपनी पाप-भरी नजर डालते हुए आपका कलेजा नहीं कांपा, आपका जमीर नहीं तड़पा...आपकी आत्मा ने आपको धिक्कारा नहीं!"

"मुझे उपदेश सुनने की आदत नहीं। जाओ...मैं कहता हूं कि तुम चली जाओ।"

"मैं नहीं जाऊंगी।"

"तुम्हें जाना पड़ेगा।"

"मैं जाऊंगी तो इस मासूम को अपने साथ लेकर जाऊंगी।"

"बकवास बन्द करो।" ठाकुर चीखकर उसपर झपटा।

"ठकुरानी घबराई नहीं। वह बोली, "मैं जीते जी इस बेटी की इज्जत को नहीं लूटने दूंगी। इस बेटी की अस्मत आप मेरी लाश पर से गुजरकर ही लूट सकते हैं।"

"ठकुरानी! मेरे रास्ते से हट जाओ, वरना मैं तुम्हें भी अपने रास्ते से हटा दूंगा।"

"मैं रास्ते से नहीं हटूंगी।"

इस बीच वह लड़की भयभीत हिरणी-सी इधर-उधर देखती रही। जब ठाकुर और ठकुरानी आपस में उलझ पड़े तो वह मौका पाकर बाहर की और लपक गई।

बाहर ठाकुर का खास आदमी कालू खड़ा था। कालू अफीम के नशे में ऊंघ रहा था। वह लड़की कब नौ-दौ ग्यारह हुई, उसको मालूम नहीं। लेकिन जैसे ही ठाकुर ने पुकारा, "कालू...लड़की को पकड़ो।" कालू चौंका। वह होश में आया। कालू पक्का दैत्य किस्म का आदमी था। वह छः फीट लम्बा था। उसकी आंखें बिच्छू की तरह गोल-गोल थीं। नाक हब्शियों जैसी फैली-फैली थीं।

वह बाज की तरह झपटा। उसने देखा कि लड़की गलियारे से ऊपर की ओर भाग रही है। उसने पीछा किया। लड़की गोरी, सुडौल और छरहरी थी। वह बेतहाशा भाग रही थी। कालू उसका पीछा कर रहा था। लड़की छत पर आ

गई। उसने दीवार पर कदम रखा और धड़ाम से कूद गई। नीचे पथरीली चट्टानें थीं। उसका कोमल और शीशे-सा बदन पत्थर से टकराकर चूर-चूर हो गया।

कालू ने घृणा से थूककर कहा, "साली ने जान दे दी।"

"इस बीच ठकुरानी भी आ गई। उसने देखा कि लड़की चट्टान से कूदकर मर गई तो उसका दिल घायल पक्षी की तरह तड़पने लगा।"

वह पागल की तरह चीखकर बोली, "जालिम, तुमने उसे मार डाला! ...मैं तुम्हें जिन्दा नहीं छोड़ूंगी।"

कालू घबरा गया। वह तड़पकर बोला, "नहीं, नहीं, मैंने इसे नहीं मारा। यह खुद कूदकर भगवान को प्यारी हो गई।"

ठाकुर भी आ गया। ठाकुर ने ठकुरानी को पकड़ना चाहा। ठकुरानी ने क्रन्दन-भरे स्वर में कहा, "खबरदार जो मुझे हाथ लगाया। तुम्हारे इन अपवित्र हाथों के स्पर्श से मैं अपना परलोक नहीं बिगाड़ना चाहती। ...आज तक तो मैं यह सुनती आई थी कि आप कुंआरी कन्याओं व निर्दोष लड़कियों की अस्मत लूटते हैं, पर आज मैंने अपनी आंखों से यह सब देख लिया।

...ठाकुर साहब! जो राजा होकर प्रजा को सताता है, उसकी बहू-बेटियों पर बुरी निगाह रखता है, अपने धर्म को छोड़कर अधर्म को अपनाता है, वह कभी न कभी नरकीय पीड़ा में जलता है।"

"ठकुरानी!"

"मर गई आपकी ठकुरानी! आप राजपूत हैं। राजपूत होकर गौ, ब्राह्मण, अबला की रक्षा नहीं कर सकते हैं तो धिक्कार है। मैं ऐसे पापी और नीच को अपना परमेश्वर नहीं मान सकती। ...मैं भी जा रही हूं ...उस बेगुनाह बच्ची को साथ...।"

और ठाकुर कुछ कदम उठाते, इसके पहले ही ठकुरानी भी नीचे कूद गई। वह पुतले की तरह उड़ती हुई लगी। फिर उसी लड़की के पास गिरकर चकनाचूर हो गई। उसकी लाश भी क्षत-विक्षत हो गई। ठाकुर स्तब्ध-सा खड़ा रहा। फिर उसने कालू को उस लड़की की लाश को नदी में बहाने के लिए कहा। बाद में उसने ठकुरानी की लाश को मंगवाया। उसकी लाश को आंगन में सुला दिया गया। तब रानो सात साल की थी। वह अपनी सहेलियों के साथ खेल रही थी। शाम अभी तक हुई थी कि उसकी नौकरानी जसोदा ने आकर कहा, "रानो बेटी, रानो बेटी?"

"क्या है मौसी?"

"तुम्हारी मां..."

"क्या हुआ मेरी मां को?" रानो के हाथ से गुड़िया छूट गई। उसकी आंखों में दर्द का गीलापन तैर आया।

"तुम्हारी मां मर गई।"

"कैसे मर गई?"

"मुझे नहीं मालूम।"

"कहां है वह?"

"उसकी लाश आंगन में है।"

रानो और जसोदा भागते हुए आंगन की ओर आए। ठाकुर एक ओर अपराधी की तरह सिर झुकाए खड़ा था। रानो ने ठाकुर का हाथ पकड़कर रोते हुए पूछा, "पिताजी...पिताजी...मेरी मां कैसे मर गई...क्यों मर गई...किसने मार डाला! जिसने मेरी मां को मारा है, मैं उसे मार डालूंगी।"

ठाकुर बुत की तरह खड़ा रहा।

रानो अपनी मां की लाश की ओर बढ़ी। मां को कफन ओढ़ा रखा था। रानो ने उसे हटाया। मां का क्षत-विक्षत चेहरा देखकर उस अबोध बालिका का हृदय तड़प उठा, "नहीं-नहीं, यह मेरी मां नहीं हो सकती। यह तो कोई डायन है...।"

वह भयभीत होकर पीछे हट गई।

ठाकुर ने आगे बढ़कर उसे अपनी गोद में उठा लिया। उसे गले से लगाते हुए कहा, "तुम्हारी मां गिर गई थी बेटी! गिरने से वह इतनी डरावनी हो गई।"

"मेरी मां क्यों गिरी, किसने गिराई?" वह रो पड़ी। बिलखते-बिलखते बोली, "मैं पूछती हूं कि मेरी मां क्यों गिरी?"

ठाकुर के पास कोई जवाब नहीं था। अपनी ऐयाशी का इतना भयंकर अंजाम भी हो सकता है, यह उसने नहीं जाना था। वह खामोश रहा। उसने भरी-भरी आंखों से रानो को देखा। रानो उछलकर नीचे कूदी। फिर अपनी मां की लाश से लिपट-लिपटकर रोने लगी, "मां...तू अकेली मुझे छोड़कर कहां जा रही है, तेरे बिना मुझे कौन लोरी सुनाएगा...कौन प्यार करेगा...मां... मां...मैं भी तुम्हारे साथ चलूंगी...मां!"

जसोदा ने लपककर रानो को उठाया। उसे गले लगाकर एक ओर हट गई। ठकुरानी के दाह-संस्कार की व्यवस्था की जाने लगी।

ठाकुर महेन्द्रसिंह को आज अपने-आप पर पहली बार ग्लानि आ रही थी। इतने लम्बे समय तक भोग-विलास में तल्लीन रहने वाला वह ऐयाश मुर्दा पहली दफे अपने-आपको गुनहगार समझने लगा। पहली बार उसे अपने से नफरत हुई। चिता में आग रानो ने दी।

अपनी मां की चिता में आग देने के पहले वह रो पड़ी, "मैं अपनी मां को नहीं जलने दूंगी...देखो न, आग से वह कितना दुःख पाएगी...उसके शरीर पर फफोले हो जाएंगे...नहीं, मैं अपनी मां को...!"

पंडित ने जबरदस्ती औपचारिकता पूरी की।

चिता भभक उठी।

उसकी लपटों में सब कुछ जलने लगा।

ठाकुर बेचैन हो गया। सदा निर्दयता और बेरहमी से काम लेने वाला ठाकुर महेन्द्रसिंह इस बार हिल गया। उसे पहली बार महसूस हुआ कि उसकी पत्नी उसके पाप के कारण ही मरी है। यदि वह दिन के उजाले में उस लौंडिया को न लाता तो इतना भयानक हादसा नहीं होता? कालू ने ठीक कहा था कि उस छोकरी को अभी उसकी कोठरी में रहने दीजिए, फिर रात के अंधेरे में अपनी हवस को बुझाइए। ...उसने क्या कर दिया? कहीं उसकी लाडली बेटी को यह सब मालूम हो गया तो? ठाकुर कांप-सा गया। वह किसी भी सूरत में अपनी बेटी रानो को दुःखी और नाराज नहीं देख सकता था। वह वासना का कीड़ा अपनी बेटी पर अपनी जान लुटाता था। उसके लिए वह कुछ भी कर सकता था। रात हो गई थी।

तारे आकाश में झिलमिला रहे थे, ठाकुर बरामदे में बैठा था। पास ही मशाल जल रही थी। जसोदा धीरे-धीरे आई। सिर झुकाकर बोली, "मुजरा करती हुई माई-बाप, आपका हुक्म हो तो एक अरज करूं।"

"कहो जसोदा।" ठाकुर ने टूटते हुए कहा।

"सरकार! बिटिया रानो खाना नहीं खा रही है।"

"क्यों?"

"कह रही है कि मैं अपनी मां के हाथ खाऊंगी।"

"ओह!" ठाकुर ने पश्चाताप भरी आह छोड़ी। वह उठा और रानो के कमरे की ओर चलने लगा। उसके पीछे-पीछे जसोदा चल रही थी।

रानो के कमरे में एक कांच की दीवारों का बना छोटा-सा आला था। उस आले में एक दीया जल रहा था। उसका प्रकाश फैला हुआ था। उस प्रकाश में वह गुमसुम-सी और रूठी हुई बैठी थी। उसकी आंखों में आंसुओं का गीलापन था। ठाकुर उसके नजदीक खड़ा हो गया। कुछ देर तक वह यूं ही उसे निहारता रहा। उसका हृदय कहीं से पिघलने लगा। वह बहुत ही अपनेपन से बोला, "क्या बात है मेरी रानी बेटी, तुम खाना क्यों नहीं खातीं?"

"मैं मां के हाथ से खाना खाऊंगी।"

"बेटी! मां तो भगवान के घर चली गई है। इस दुनिया से दूर बहुत दूर सितारों के उस पार चली गई है। जहां कोई नहीं जा सकता है और कोई नहीं वापस आ सकता है।" ठाकुर का गला भर आया, "रानी बेटी, तू तो बड़ी ही समझदार लड़की है। खा ले, बेटी, खा ले।"

"नहीं, मैं नहीं खाऊंगी।" रानी ने हठपूर्वक कहा, "मेरी मां उस पार क्यों चली गई? आप मुझे भी भेज दीजिए, मैं उसे वहां से वापस ले आऊंगी।"

ठाकुर कांप उठा, "नहीं बेटी, वहां जाने का नाम मत लो। ...यदि तुमने मुझे छोड़ दिया तो मैं बरबाद हो जाऊंगा।"

फिर ठाकुर ने रानो को अपनी गोद में लेकर सहलाया। समझाया। बड़ी कठिनता से रानो ने खाना खाया। समय अपने पंख फैलाकर उड़ चला।

वासना में सदा डूबा रहने वाला ठाकुर थोड़े ही दिनों के बाद उसी आग में जलने लगा। उसकी आंखों की नींद उड़

चली। उसका रोम-रोम उस आग में दग्ध हो चला। उसे लगा कि काम के बिना उसका जीवन निरर्थक है।

एक रात वह शराब पी रहा था। कालू ने खुद दाख का दारू निकाला था। ठाकुर घूंट-घूंट पी रहा था। कालू भी साथ दे रहा था।

"कालू!" ठाकुर ने अपनी नशे से बोझिल पलकों को खोलने की चेष्टा करते हुए कहा।

"जी हुजूर!"

"अब इस महल में मेरी ऐयाशी नहीं चल सकती। रानो बड़ी हो रही है। मैं नहीं चाहता कि रानो के निर्दोष जीवन पर मेरे गुनाहों और पापों का असर पड़े।"

"फिर?"

“हमें कोई नई जगह ढूंढ लेनी चाहिए।”

कालू ने सोचा। मशाल की कांपती रोशनी में उसकी आकृति झिलमिला रही थी। फिर उसके होंठों पर एक हलकी-सी मुस्कान आ गई। वह शराब का लम्बा घूंट लेकर बोला, “सरकार! अपना वह ‘आकाश-महल’ खाली पड़ा है। क्यों न, हम वहां अपना ठिकाना बना लें। वहां घोर एकांत है। किसी चिड़िया की चहचहाट भी बाहर तक नहीं जा सकती।”

ठाकुर खुशी में उछल पड़ा। बोला, “वाह कालू, वाह! क्या खूब याद किया है? ‘आकाश-महल’ तो बहुत सुन्दर जगह है। इस सूझबूझ के लिए हम तुम्हें एक मोहर इनाम की देंगे।”

कालू गर्व से फूल गया। उसकी भद्दी और खूंखार आकृति का कालापन खुशी में और गहरा हो जाता था। उसने जल्दी-जल्दी अपने गिलास में शराब भरी और गटकने लगा।

इसी समय नौकरानी ने आकर कहा, “कालू सरदार, तुम्हें विजयपाल ने बुलाया है।”

कालू ने अपनी जांघ पर थाप मारकर कहा, “लगता है सरकार, आज आपकी इच्छा पूरी होगी। ...मैंने उसे शरबती बाई को लाने के लिए कहा था।”

“सच!”

“हां सरकार।”

“फिर जल्दी चलो।”

कालू चला गया। वासना की गन्दगी में सदा लिपटने वाला ठाकुर जल्दी-जल्दी कपड़े पहनने लगा। उसके रोम-रोम में उबाल जम आया था। पोर-पोर में अंगारे चटखने लगे थे। हलक सूख रहा था। उसने मन ही मन फिर दोहराया, “शरबती बाई...एक खूबसूरत बला। ...आज की रात मैं आनन्द के सागर में डूब जाऊंगा।”

ठाकुर कपड़े पहनकर जैसे ही बाहर की ओर निकला कि रानो को अपने सामने खड़ा पाया। रानो को देखते ही उसके पांव चिपक गए। वह सहम गया। उसकी आंखों में सवाल पैदा हो गए। ...पलभर के लिए उसके मुंह से एक शब्द भी नहीं निकला। नादान बच्चे की तरह देखता रहा। अपने आपको संभालकर कहा, “क्या बात है रानो! तुम अभी तक सोई नहीं।”

"नहीं पापा, मुझे नींद नहीं आ रही है। आज न जाने मैं क्यों डर रही हूं। ऐसा लग रहा है जैसे इस खिड़की में से कोई भूत काला लबादा ओढ़कर आ रहा है।"

अपने को संभाल कर ठाकुर ने कहा, "तुम जसोदा के पास क्यों नहीं सो जातीं?"

रानो ने सिर हिलाकर कहा, "नहीं, मैं उसके पास नहीं सोऊंगी।"

"फिर?" ठाकुर ने पूछा।

"मैं आपके पास सोऊंगी।"

"मेरे पास?"

"हां, आपके पास।" रानो ने दृढ़ता से कहा, "मुझे आज बड़ा डर लग रहा है।"

ठाकुर ने उसे समझाते हुए कहा, "बेटा! अपने घर में डर किस बात का लग रहा है? मेरी लाडो! तुम जसोदा के पास जाकर सो जाओ। वह तुम्हें बड़ी अच्छी कहानी सुनाएगी।"

उसने रूठते हुए कहा, "नहीं, मुझे जसोदा मौसी से कहानी नहीं सुननी है। मैं तो आपसे कहानी सुनूंगी। चलिए, मेरे साथ सोइए।"

ठाकुर ने अपने-आपको मुसीबत में फंसा-सा महसूस किया। उसने इधर-उधर देखा। फिर उसके चेहरे को अपनी हथेलियों में लेकर कहा, "बेटी, मैं अभी किसी जरूरी काम से बाहर जा रहा हूं।"

"नहीं, आप नहीं जा सकते।" रानो ने हठपूर्वक कहा, "मैं आपके पास ही सोऊंगी।"

"अच्छी बेटी जिद नहीं करती।" ठाकुर ने उसे फिर समझाया, "अच्छा रानो, हम तुम्हारे लिए घोड़ा लाएंगे। उड़नेवाला घोड़ा।"

"मैं अकेली नहीं सोऊंगी।" उसने पांव पटककर कहा, "मुझे डर लगता है।"

ठाकुर की वासना उजागर हो गई थी। वह कालू के साथ जाने के लिए बेचैन था। फिर भी वह रानो को नाराज करना नहीं चाहता था। उसने उसका चुम्बन लेकर कहा, "अच्छा बेटी, हम तुम्हारे लिए सफेद हाथी लाएंगे।"

रानो ने आंखें तरेरकर कहा, "कह दिया न, मैं कुछ भी नहीं लूंगी। आज मैं आपके पास सोऊंगी। आपको कहीं भी नहीं जाने दूंगी।"

ठाकुर का मन वाचाल हो गया था। वह शरबती बाई के लिए इतना अधीर था कि एक पल भी रुकना उसके लिए दुश्वार था। यह भी सही है कि सदा ममता पर वासना ने विजय पाई है। आज भी वासना जीत गई। ठाकुर ने उसे डांटते हुए कहा, "ज्यादा जिद्द अच्छी नहीं होती? समझदार बच्चियां बड़ों का कहा मानती है।"

रानो ने अपने पिता की बदली हुई त्यौरियां देखीं। उसे लगा कि उसके बाप में स्नेह की जगह कुछ और है। वह स्तब्ध-सी खड़ी रही। फिर बोली, "मैं सोऊंगी तो आपके पास, वरना सारी रात जागती रहूंगी।"

"जैसी तुम्हारी मर्जी। मुझे तो अभी जाना है।" कहकर ठाकुर बाहर की ओर चला गया। रानो फफक-फफक कर रो उठी। वह रोते-रोते बार-बार मां-मां चिल्ला रही थी। जसोदा आ गई। उसने आकर रानो को अपने सीने से लगा लिया।

रानो ने शिकायत-भरे स्वर में कहा, "देखा मौसी, मुझे पिताजी छोड़कर चले गए।" क्या इस तरह मेरी मां मुझे छोड़ कर जाती?"

"नहीं बेटा, मां तो अपने बच्चे की आंखों के कोयों को गीला भी होते नहीं देख सकती। वह तो खुद गीले पर सोकर अपने जिगर के टुकड़े को सूखे बिस्तर पर सुलाती है।"

रानो ने जसोदा का हाथ पकड़कर पूछा, "मौसी, मां मर क्यों गई? उसे नहीं मालूम था कि उसके बाद उसकी लाडली रानो को कौन प्यार करेगा। ...क्या मैं उस पार नहीं जा सकती?"

जसोदा ने उसे अपने सीने से लगा लिया। उसके गालों पर गहरे अपनेपन से भरे चुम्बनों की वर्षा करके बोली, "ऐसा मत कहो। रानी बिटिया, तुम्हें तो जिन्दगी में अभी बहुत कुछ देखना है।"

रानो कुछ देर तक शांत बैठी रही। फिर वह बोली, "मौसी! तुमसे एक बात पूछूं?"

"पूछो।"

"पापा अभी कहां गए हैं?"

हालांकि जसोदा जानती थी कि रात के अंधेरे में ठाकुर साहब कहां गए हैं। वह सदा अपना मुंह काला करने जाते हैं। पर उसने लम्बी आह छोड़कर कहा, "वे काम से गए हैं।"

"वे अच्छे नहीं है।" रानो ने नाराजगी से कहा।

"छोड़ो अब इन बातों को। तुम सोओ, मैं तुम्हें लोरी सुनाऊं।"

रानो अपने कमरे आकर सो गई।

जसोदा उसे लोरी सुनाने लगी।

आकाश-महल!

अब इसी महल में ठाकुर वासना का नंगा खेल खेलता था। रानो जवान हो गई थी। उसके चरित्र पर बुरा असर न पड़े। ठाकुर यह भी समझता था कि लड़के-लड़कियां जब एक ऐसी उम्र में कदम रखते हैं तो वे सब कुछ स्वतः ही समझने लगते हैं।

अब रानो बिलकुल कली से फूल बन गई थी। उसके रंग-रूप की जितनी तारीफ की जाए, उतनी कम है।

यहीं चिंता ठाकुर को थी और इसीलिए अब वह आकाश-महल में चोरी-चोरी जाया करता था। लेकिन वह अपने जामे-शराब के लिए गरीब और दुखियारे किसानों पर बड़ा ही जुल्म करता था। उसकी नाइन्साफी से सारा इलाका परेशान था। उसका कारिन्दा कालू और उसके साथी लगान वसूली में दरिन्दों की तरह पेश आते थे। इससे मजलूम लोग बहुत दुःखी थे। उस दिन कालू घोड़े पर सवार होकर सेवाराम के खेते से जा रहा था। सेवाराम एक गरीब किसान था। कालू को देखते ही उसकी घिग्घी बंध गई।

वह बेचारा हाथ जोड़कर खड़ा हो गया। बोला, "कहिए हुजूर, आज आपने इस ओर आने की किरपा कैसे की?"

"सेवाराम! हमें ठाकुर साहब के लिए तुम्हारी पांच भैंसों में से एक भैंस चाहिए।"

"माई-बाप, यदि मैं एक भैंस आपको दे दूंगा तो मेरे परिवार का पालन-पोषण नहीं हो सकेगा। ...आप तो जानते ही हैं कि मेरे तेरह बच्चे हैं।"

"साला! तेरह बच्चे हैं तो हम क्या करें, कालू भड़ककर बोला, "ठाकुर भी तो तेरा बाप है। क्या उसके प्रति तुम्हारा कोई फर्ज नहीं?"

"है, सरदार है, पर...।"

"पर-वर मैं कुछ नहीं समझता।" कालू ने अपना कोड़ा हवा में फहराते हुए कहा। सेवाराम हाथ जोड़े-जोड़े गर्दन झुकाकर बोला, "कालू सरदार!

तुम्हें कुछ समझना ही पड़ेगा। मैं अपनी भैंस नहीं दे सकता किसान के लिए उसकी जमीन और पशु तो जिन्दगी से भी ज्यादा होते हैं। फिर मेरी तो लगान भी बाकी नहीं है।"

"कमबख्त हिसाब-किताब समझाता है!" कालू ने एक कोड़ा उसकी पीठ पर जमा दिया।

"यह अन्याय है कालू!" सेवाराम ने उसका कोड़ा पकड़कर कहा, "बेवजह हम तुम्हारे जुल्म नहीं सह सकते।"

कालू ने कोड़ा हवा में उड़ाया! फिर कहा, "तेरी यह हिम्मत कि तू हमारा विरोध करेगा। कालू ने चाहा तो तुझे जमींदोज करा देगा!"

"तुम कुछ भी करो, पर मैं अपनी एक भी भैंस नहीं दूंगा।"

"नहीं देगा..."

"नहीं दूंगा।"

सटाक्-सटाक्! दो कोड़े सेवाराम के बदन पर पड़े। वह पीड़ा से तिलमिला उठां दु:ख की परछाइयां उसके चेहरे पर फैल गई।

कालू ने कर्कश स्वर में कहा, "बोल, देगा कि नहीं? जब तक तू हां नहीं करेगा तब तक मैं तुझे मारता रहूंगा।"

"मैं जान दे दूंगा पर हां नहीं करूंगा।"

कालू तो शैतान की आंत ठहरा। उसने बड़ी बेदर्दी से सेवाराम को मारना शुरू कर दिया। वह बेचारा तड़प उठा।

एकाएक कालू का कोड़ा किसी ने पकड़ा और एक झटके से उसे घोड़े के नीचे गिरा दिया। कालू इस अचानक आक्रमण से तिलमिला गया। पलटकर देखा तो देखता रह गया।

एक गठीले बदन का गोरा जवान लड़का उसका कोड़ा पकड़े हुए खड़ा था। कालू ने आग बरसती आंखों से देखकर कहा, "तुम कौन हो? जानते नहीं, मुझे लोग कालू सरदार कहते हैं। मैं ठाकुर का खास आदमी हूं।"

आगन्तुक युवक ने एक झटके के साथ उसका कोड़ा छीन लिया। फिर उसे खेत के बाहर फेंककर कहा, "आदमी नहीं, चमचा कहो। मैं पूछ सकता हूं कि तुम इस गरीब पर जुल्म क्यों कर रहे हो?"

"ठाकुर साहब ने इससे भैंस मांगी है।"

"किस खुशी में?"

"उनका हुक्म है।"

"कल तो उनका हुक्म होगा कि हम अपनी बहू-बेटियां भी उन्हें दे दे, तो काम कैसे चलेगा?"

"तुम मुझसे जबान लड़ाते हो।"

"बकवास बंद कर और चलता बन वरना हड्डी-पसली एक कर दूंगा।

कालू का धैर्य जाता रहा। उसने उछलकर आगन्तुक की गर्दन दबोची। आगन्तुक भी कम चुस्त और ताकतवर नहीं था। उसने एक झटके से अपनी गर्दन छुड़ाकर कालू को वह धोबी-पाट लगाई कि बेचारा-चारोंखाने चित हो गया। रीढ़ की हड्डी में ऐसी चोट लगी कि उससे उठा भी नहीं गया।

आगन्तुक युवक हंसकर बोला, "कालू, गरीबों व कमजोरों को हर कोई सता सकता है पर सहजोरों को नहीं। केवल आदमी ताकत के बल पर नहीं लड़ सकता। लड़ने के लिए अकल की भी जरूरत होती है। कालू की आंखें काफी हिंसक थीं। उसका वश चलता तो वह उसे खा जाता। आगन्तुक युवक ने कहा, "कालू, नहीं उठा जाता है तो सहारा लगाकर घोड़े पर बिठा दूं?"

और उसका जवाब सुनने के पहले ही इस जांबाज युवक ने कालू को उठाकर घोड़े पर बिठा दिया।

"आगे से कुछ भी करने के पहले काफी सोच-समझ लेना।" उस युवक ने चेतावनी दी। कालू चोट खाए सांप की तरह तिलमिलाता हुआ चल पड़ा।

सेवाराम आदरभाव से उस तगड़े और सुन्दर युवक को देखता रहा। अपनी पीड़ा को भूलकर वह बोला, "बेटा! तुम कौन हो जो फरिश्ते ही तरह आकर मुझ गरीब को बचा लिया।"

"काका, तुमने मुझे नहीं पहचाना?"

"नहीं बेटा।"

"मैं कुमार हूं। लंका का बेटा।"

"कौन कुमार...? अरे बेटा, तू तो बिलकुल पहलवान और जवान हो गया है। कहां चले गए थे?"

"काका, मैं शहर चला गया था। वहां जाकर मैंने नौकरी की। साथ ही पहलवानी।"

"कितने साल में आया है?"

"पूरे दस साल में।" कुमार ने कहा, "शायद आता भी नहीं। पर बिरजू ने बताया कि तेरी मां बहुत परेशान है। इसलिए चला आया।"

"अच्छा किया बेटा। ...अपनी खेती-बाड़ी संभाल! ...बेचारी लंका काकी तो तेरे लिए सूखकर कांटा हो गई है।" सेवाराम ने जरा सहानुभूति के स्वर में कहा, "कब आए?"

"कल रात।"

"इधर कैसे आए?"

"जरा श्याम के पास जा रहा था।"

"कौन श्याम?"

"दीनदयाल का बेटा।"

"अरे उस शराबी के पास जाकर क्या करोगे?" सेवाराम ने अरुचि से कहा।

कुमार ने कहा, "शराबी हो या कबाबी, पर है तो अपना यार ही। इतने सालों के बाद जब मुझे देखेगा तो हैरान हो जाएगा।"

सेवाराम उसके जरा समीप आया। सलाह-भरे स्वर में बोला, "मेरी एक बात मानना। यह कालू बहुत ही कमीना है। छुपकर भी घात कर सकता है।"

वह हंसकर आगे बढ़ गया।

चार-पांच खेतों को पार करने के बाद कुमार श्याम के झोंपड़े में पहुंचा। श्याम खाट पर सोया हुआ था। उसके पास खाली बोतल पड़ी थी। कुमार ने एक बार उस उजड़ी-उजड़ी झोंपड़ी को देखा। फिर पुकारा, "श्याम...ओ श्याम! सो रहे हो या जाग रहे हो?"

श्याम ने सोते-सोते ही जवाब दिया, "भाई! न मैं जाग रहा हूं और न मैं सो रहा हूं।"

"फिर क्या कर रहे हो?"

"केवल नशे के कम होने का अहसास कर रहा हूं।"

"तुम्हारे लिए बोतल लाया हूं।"

श्याम उठ गया। घूर कर कुमार को देखने लगा। पहचानने की कोशिश करते हुए उसने पूछा, "कौन हो तुम? कहां है बोतल?"

"श्याम, मैं कुमार हूं। तुम्हारे बचपन का दोस्त!"

"कुमार!" श्याम उल्लास से बोला। वह लड़खड़ाता हुआ कुमार की ओर बढ़ा। कुमार ने भी उसे अपनी बांहों में भर लिया। दोनों दोस्त कुछ देर तक एक-दूसरे से लिपटे रहे। फिर श्याम ने कहा, "अरे! तू कितना बदल गया है? तुझे देखकर तो

ऐसा लगता है कि आकाश से कामदेव उतर आया है। चश्मेबद्दूर...तुझे मेरी उम्र भी लग जाए।"

श्याम की आंखें गीली हो गईं।

कुमार ने उसे अपने से अलग करके कहा, "श्याम! तुमने अपनी यही हालत क्यों बना रखी है? आखिर तुम्हें कौन-सा गम है जो रात-दिन शराब के नशे में रखे हुए है।"

"बहुत बड़ा गम है दोस्त!" श्याम ने खाट पर बैठते हुए कहा, "इतना बड़ा गम है जो मुझे दीमक की तरह खोखला करता जा रहा है। जो मेरे दिल को घायल कर जाता है और रात को बीमार। ...कुमार! तुम 'गुलाब' को जानते थे न?"

"हां-हां, अरे चौधरी किसनलाल की वही नटखट बेटी।"

"हां, वही।" श्याम ने बताया, "बचपन की दोस्ती जब जवानी में कदम रखने लगी तब मुझमें और गुलाब में प्यार के

समन्दर लहराने लगे। हम दोनों एक जान दो शरीर हो गए। कितने सुन्दर-सुन्दर घरौंदे बनाए थे हमने?...सोचा था कि हम जीवन में एक होकर आखिरी मंजिल तक पहुंचेंगे। ...वह कहा करती थी, 'श्याम! यदि मुझे मेरे बाप ने किसी गैर को सौंपने की कोशिश की तो मैं कूदकर मर जाऊंगी। मैं तुम्हारे सिवाय अपना तन-मन किसी और को नहीं दे सकती।'

"हां गुलाब, यह जीवन तो बस तेरे लिए है।"

"हमारा एक अलग संसार होगा।"

"जरूर होगा।"

"पर कुमार हमारा अलग घर-संसार नहीं बस सका। एक दिन गुलाब अपने खेत में से गायब हो गई। गायब ऐसी हुई कि जैसे कोई प्रेत हो। फिर उसके किसी ने दर्शन नहीं किए। तुम नहीं जानते कि मैंने उसे कितना ढूंढा?"

"ऐसे कैसे गायब हो गई?" कुमार ने आश्चर्य से गंभीर होकर पूछा।

"क्या बताऊं? प्रमाण के बिना बोलना भी तो अच्छा नहीं है।" श्याम ने बताया, "लेकिन सभी का अन्दाज है कि ठाकुर ने उसे अपनी हवस का शिकार बनाकर लाश को ठिकाने लगा दिया। यह कमीना बहुत ही कामुक है। उसने अपनी ही बहू-बेटियों पर जुल्म किए हैं।...पर मेरे पास इसका कोई प्रमाण नहीं है।"

"यह आदमी नहीं, शैतान है।" कुमार ने घृणा से कहा, "पर श्याम, इस तरह जीने से भी क्या फायदा? उम्र है तो उस उम्र को सही ढंग से जिया जाए।"

"जीने की इच्छा ही नहीं है।" श्याम ने एकदम हताश स्वर में कहा, "यदि मेरी गुलाब मुझे सपने में भी कह दे कि मैं वहा हूं तो मैं एक पल की देर किए बना मर जाऊं पर वह मुझे सपने में भी नहीं दिखती।"

"श्याम! बदला ही लेना है तो इस तरह नहीं लिया जा सकता।"

"चींटी हाथी से कैसे बदला ले सकती है?"

"चींटी हाथी को मार भी सकती है।"

श्याम ने कुमार की ओर देखा। उसके चेहरे पर ओज था।

कुमार उठने लगा। श्याम ने कुमार का हाथ पकड़कर कहा, "यार, मुझ पर एक दया करेगा।"

"बोल?"

"कुछ पैसे हैं?"

"बहुत हैं।"

"थोड़े देना?"

"क्या लेगा?"

"दारू पीऊंगा।"

"अपने को मत मारो दोस्त। लड़ने के लिए टूटने की नहीं, तोड़ने की जरूरत है।"

श्याम खामोश रहा।

कुमार ने एक पांच का नोट उसकी मुट्ठी में थमाते हुए कहा, "भविष्य में मेरे से शराब के लिए पैसा मत मांगना।"

और वह चला गया।

कुमार की खूबसूरती गांव में चर्चा का विषय बन गई। सभी लोग कहते थे कि इतना खूबसूरत और पट्ठा किस्म का लड़का हमने सारे गांव में नहीं देखा। ऐसा मालूम होता था कि भगवान ने इसे फुर्सत से बनाया है। उसके मधुर व्यवहार और दूसरों की मदद देने की आदत ने उसे गांव का प्यारा बना दिया। यूं भी कह सकते हैं कि वह गांव का हीरो बन गया। लाडला हो गया।

उसकी मां लंका तो बस अपने-आपको सोने की लंका समझने लगी। जब कोई बुजुर्ग उसे यह कहता, 'लंका! तेरा बेटा तो वास्तव में श्रवण कुमार है?' तो उसका सीना फूल जाता था और उसे ऐसा महसूस होता था जैसे उसके पांव जमीन पर नहीं पड़ रहे हैं।...गांव की सुन्दर और सलोनी लड़कियां उसे देखकर लम्बी-लम्बी सांसें लेती थीं। सोचती थीं—यह किसका दूल्हा बनेगा। यह किसको वरमाला पहनाएगा?...जो इसकी दुल्हन बनेगी, उसके भाग्य से ईर्ष्या होगी।...और कोई-कोई चुलबुली तो बड़ी नाटकीयता से यहां तक कह डालती थी—'हाय, यह राजकुमार तो मेरा दूल्हा होता!'

गांव के नौजवान भी उसके साथ थे। उसकी इज्जत करते थे।

लेकिन विनोद को यह सब सहन नहीं था। बड़े बाप का बेटा था वह। विनोद के बाप के गांव में कई खेत थे। वह भी राजपूत था इसलिए ठाकुर उसे कुछ भी नहीं कहता था। इसका नतीजा यह निकला कि गांव में ठाकुर के बाद विनोद के

बाप का ही दबदबा था।

हालांकि विनोद का बाप बड़ा ही शरीफ था पर विनोद में एक पैसे वाले बाप के बेटे के तमाम अवगुण आ गए थे। वह भी मौके-बेमौके गांव की भोली-भाली लड़कियों को छेड़ लेता था। उसका चरित्र अच्छा नहीं था। किसी लड़की को बरबाद करके वह खुश होता था।

लेकिन विनोद को कुमार का गांव में आना अच्छा नहीं लगा। फिर जब वह कुमार की प्रशंसा व चर्चा सुनता था तब वह जलभुन जाता था। उसकी इच्छा होती थी कि वह कुमार को वापस गांव से जाने के लिए कोई उपाय सोचे। उस दिन उसने गांव के एक नौजवान से पूछा, "छलिया, यह कुमार इतने दिन कहां था?"

"विनोद भाई, वह दिल्ली में रहता था।"

"क्या करता था वहां?"

"वह कहीं नौकरी करता था। साथ ही किसी गुरु से कुश्ती भी सीखता था। यार क्या सुडौल बदन है!...सुना है कि उसने कालू को वह धोबीपाट मारी कि कुमार से अकड़ना छोड़ दिया।"

विनोद को छलिया की बात पर विश्वास नहीं हुआ। कालू जैसे खूंखार और शैतान आदमी को मारना इतना सरल नहीं था। वह तो साक्षात् दानव था। विनोद ने नाक-भौं सिकोड़कर कहा, "कालू उसे मक्खी की तरह मसल सकता है।"

"नहीं रे विनोद, कुमार बहुत ही लड़ाका है।" छलिया ने उसकी प्रशंसा की, "और गांव की हसीन से हसीन लड़की उसपर अपनी जान छिड़कती है और वह कुमार...अरे कुमार तो किसी पर बुरी निगाह भी नहीं डालता।"

"साला ढोंगी होगा।"

"नहीं विनोद।" छलिया ने कहा, "वह सच्चा इन्सान है।"

विनोद जल गया। उसने छलिया को डांट दिया, "ऐसा ही है तो मैं उसे देख लूंगा। उसने विनोद की दुश्मनी नहीं देखी है। मेरा काटा हुआ पानी भी नहीं मांगता है।"

छलिया ने झट से कहा, "गुरु! कहीं लेने के देने न पड़ जाएं!"

"विनोद से जो टकराया है, वह मिट्टी में ही मिला है।" विनोद ने अकड़कर कहा, "परसों ठाकुर साहब की वर्षगांठ है। वहां पंजा लड़ाने की होड़ होगी। उस दिन मैं ही कुमार का पंजा तोड़कर रख दूंगा।"

"यह मुमकिन है?" छलिया ने आशंका प्रकट की।

"खुदा न खास्ता मैं हार गया तो कालू उसकी उंगलियां तोड़कर ही रख देगा।"

"यह देखने की बात है।"

विनोद ने विश्वास से कहा, "कुमार की सारी प्रशंसा उस दिन धूल में मिल जाएगी।"

और विनोद लगातार अपनी प्रशंसा में लच्छे मारता रहा।

ठाकुर की वर्षगांठ हर साल बड़ी धूमधाम से मनाई जाती थी। उसके आंगन में नटों के खेल होते थे, ढोलनियों का गाना-बजाना होता था। रात को रामलीला होती थी।

पंजा लड़ाने की होड़ होती थी। उस होड़ में जो भी प्रथम आता था, उसे ठाकुर की ओर से ग्यारह रुपये नकद और

एक साफा मिलता था।

यह होड़ दोपहर को होती थी।

ऊपर शामियाना बंधा रहता था। ठाकुर स्वयं उपस्थित होते थे। उसके दोनों और दो अंगरक्षक खड़े होते थे। कालू खुद पंजा लड़ाने की प्रतियोगिता में भाग लेता था, इसलिए वह उस दिन ठाकुर के साथ नहीं रहता था। पिछले कई सालों से कालू ही पंजा लड़ाने की प्रतियोगिता में प्रथम आता रहा था। हालांकि विनोद उससे थोड़ा-सा मुकाबला करता था पर कालू के सामने वह ज्यादा देर नहीं ठहर पाता था। कालू उसे पछाड़ देता था। आज भी ऐसा ही हुआ।

पंजा लड़ाने की प्रतियोगिता शुरू हुई। कुमार नहीं आया था। विनोद इससे खुश था। वह घमंड से चारों ओर देख रहा था। कालू ने उसे आज भी हरा दिया। उसे हराकर कालू ने जांघ पर थाप मारकर कहा, "है कोई माई का लाल जो मुझसे पंजा लड़ाए?"

वह शेर की तरह घूम रहा था।

ठाकुर के दूसरे कारिन्दे जयसिंह ने कहा, "मैं तीन तक आवाज लगाऊंगा। इस बीच कोई मैदान में नहीं उतरा तो कालू को आज भी विजयी घोषित कर दिया जाएगा।"

फिर जयसिंह एक...दो...और तीन कहता, इसके पहले ही भीड़ को चीरकर कुमार आ गया। उसने तेज स्वर में कहा,

"कालू को मैं ललकारता हूं। मैं इससे पंजा लड़ाऊंगा।"

सब लोग चौंक पड़े। स्वयं ठाकुर भी उस बांके और गोरे-चिट्ठे खूबसूरत नौजवान को देखता रहा। फिर ठाकुर बोला, "तुम कौन हो?"

"यह कुमार है। लंका चौधराइन का बेटा...दिल्ली में रहता था।"

"अरे तू तो ऐसा गायब हुआ कि लोग तुझे भूल-से गए।" ठाकुर ने आश्चर्य से कहा, "कब आए?"

इस बार खुद कुमार बोला, "मैं एक माह पहले आया था।"

"देखो कुमार, यह कालू है न, शैतान की सबसे खतरनाक आंत है। इससे उलझने के पहले जरा सोच लो। कहीं पंजे से भी हाथ न धोना पड़े?"

"ठाकुर साहब! आप इसकी जरा भी चिंता न करें।" कुमार ने पूरे यकीन से कहा, "कभी-कभी छोटा-सा बालक भी शैतान की आंत तोड़ लाता है। एक चींटी भी हाथी को मार देती है।"

"फिर हो जाओ शुरू।"

जोर का नगाड़ा बजा। कुमार ने अपने ईश्वर हनूमान जी को स्मरण किया। कालू उस चौंक में एक दो बार उछला। वह हुंकारने भी लगा। फिर वह कुमार के पास आया। खलनायक की तरह आंखें तरेरकर बोला, "पंजा तोड़कर तुम्हें सौंपूं या केवल हराऊं?"

"तुम वही करना जो तुम कर सकते हो?"

और दोनों ने आपस में पंजा उलझा लिया। दोनों लगभग आधा घंटा तक एक-दूसरे को हराने के लिए पंजा लड़ाते रहे। दोनों के चेहरों पर खून जमा हो गया था। पसीने में तरबतर हो गए थे। न कुमार हार रहा था और न कालू!

आखिरी बार कुमार ने 'जै बजरंगबली' का जोर से नारा लगाया और पलक झपकते ही कालू का पंजा तख्ते के फर्श को छूने लगा। फिर कालू का पंजा ऐसा चिपका कि वह लाख तड़पा, पर वह उसे उठा नहीं पाया। ठाकुर ने एक-दो-तीन कहा और कुमार की विजयी घोषित कर दिया। इस बीच रानो अपने झरोखे में बैठी-बैठी उस खूबसूरत नौजवान की सुन्दरता को अपनी आंखों की राह से दिल में उतार रही थी।

विनोद बार-बार रानो को देख रहा था। वह कभी कुछ और कभी कुछ बचकानी हरकतें कर रहा था लेकिन रानो ऐसी थी कि उसपर एक निगाह भी नहीं फेंक रही थी। उसकी मादक निगाह तो केवल कुमार पर जमी हुई थी। उसकी इच्छा हो रही थी कि कम्बख्त यह कुमार एक बार तो उसे देखे।

पर कुमार अपनी आदत के अनुसार पुरस्कार लेने में व्यस्त रहा। ठाकुर ने उस बांके और खूबसूरत नौजवान की बड़ी प्रशंसा की। उसे पुरस्कार देते हुए ठाकुर ने कहा, "आज पूरे बारह साल की परम्परा कालू को हराकर इस युवक ने तोड़ डाली। हमें कुमार पर गर्व है। हमें कुमार की मां लंका चौधराइन पर गर्व है जिसकी कोख से ऐसा सपूत और शक्तिशाली बेटा पैदा हुआ।"

लोगों ने जोर से तालियां बजाई। लंका भी उस भीड़ में बैठी थी। उसको बड़ा नाज हुआ साथ ही उसकी आंखें भर-भर आईं। वह सोच बैठी कि आज यदि कुमार का बाप जिन्दा होता तो कितना गर्व महसूस करता? तभी ठाकुर ने अपना हाथ ऊंचा किया। उसने कुमार के कन्धे पर हाथ रखकर कहा, "हमारी सदा आदत रही है कि जो सबसे ताकतवर होता है वह हमारी

सेवा में रहता है। आज से हम कुमार को कालू के स्थान पर अपना प्रमुख कारिन्दा रखते हैं।"

जोर की तालियां बजीं। विनोद जलभुन गया। उसे लगा कि ये तालियां नहीं बज रहीं बल्कि ये चांटे उसके गाल पर लग रहे हैं। जब स्वयं रानो ने तालियां बजाईं तब तो विनोद के शरीर में हथोड़ों की चोट जैसी पीड़ा हुई!

कुमार ने अपना हाथ ऊंचा किया।

तालियां बंद हो गईं। रानो ने सोचा कि इस बार कुमार उसकी ओर जरूर देखेगा पर कुमार ने उस ओर देखा तक नहीं। उसके मुंह से पहली बार दर्द में डूबी हुई एक चुप-सी आह निकल गई। काश! यह नौजवान उसे देखता। उसके रूप के सागर में जरा-सा डूबकर तो देखता।

पर कुमार ने उस ओर निगाह भी नहीं उठाई। जब उसकी निगाहें मुहब्बत का इन्तजार करते-करते थक गईं तो उसे कुछ अपमान का-सा अनुभव हुआ। उसने नाराजगी से सोचा कि आखिर वह अपने को क्या समझता है? इतनी हेकड़ी अच्छी नहीं होती?

कुमार ने जोर से कहा, "मैं ठाकुर साहब को उनकी उदारता के लिए धन्यवाद देता हूं कि वे मुझे अपना खास कारिन्दा बनाना चाहते हैं। लेकिन मैं उसे स्वीकार नहीं कर रहा हूं। इसलिए स्वीकार नहीं कर रहा हूं कि मुझे ठाकुर साहब से कोई शिकायत नहीं है पर मैं यहां खेती-बाड़ी करने आया हूं। यदि मुझे नौकरी ही करनी होती तो अपनी सालों की नौकरी छोड़कर ही यहां क्यों आता? मैं ठाकुर साहब से क्षमा मांगता हूं।"

ठाकुर साहब का मुंह उतर गया। रानो को लगा कि किसी ने उसके पिता जी के मुंह पर जोरदार तमाचा लगा दिया है। इस कुमार को इतनी शेखी किस बात की है? अपने को क्या समझता है?

ठाकुर ने खिसियाते हुए कहा, "जैसी कुमार की मर्जी।"

कुमार अपनी मां के पास आया। उसके चरणों में पुरस्कार की चीजें रखकर बोला, "बस मां, मुझे तुम्हारा आशीष चाहिए। तुम्हारे आशीष के कारण ही आज मैं कालू जैसे खूंखार को हरा पाया हूं।"

मां ने उसे अपने सीने से लगाकर उसके सिर का एक बोसा ले लिया। वह आयोजन समाप्त हो गया था। कुमार के साथ श्याम था।

एकांत में आते ही श्याम ने पूछा, "तुमने ठाकुर साहब का प्रस्ताव क्यों नहीं माना?"

"मैं उस भेड़िये को पहचानता हूं। तुम सब लोग ही तो कह रहे थे कि यह जालिम है। मैं अत्याचारी का साथ नहीं दे सकता।"

"तुम में जरूर कोई महान आत्मा रहती है।" श्याम ने स्नेह से कहा, "लेकिन इससे ठाकुर साहब तुमसे नाराज होंगे।"

"उनके नाराज होने से कौन-सा मैं भूखा मर जाऊंगा। मैं तो अनाज उगाता हूं। अपनी मेहनत से अपना पेट भरता हूं।"

कुमार ने गर्व से कहा!

श्याम ने कोई जवाब नहीं दिया। वह पगडंडी पर चलता रहा। एकाएक वह कुछ याद करके बोला, "कुमार! तुमने महल की जाली वाली खिड़की की ओर ध्यान दिया?"

"नहीं तो?"

"तुम एकदम गधे हो!" श्याम ने डांटा।

"क्या मतलब?" वह थोड़ा नाराज होकर बोला, "मैं तुम्हारी बात नहीं समझा।"

श्याम ने जरा मुस्कराते हुए कहा, "दोस्त! उस जालीदार झरोखे में एक खूबसूरत लड़की चहलकदमी कर रही थी। कभी-कभी वह अपनी रजपूताई परम्परा को त्याग करके खिड़की में भी आकर झांक जाती थी। तब ऐसा लगता था कि खिड़की में से चांद झांका हो। ...कोई सूरज का टुकड़ा सहसा झांका हो। ...वह थी रानो। ठाकुर की इकलौती और अप्सरा-सी सुन्दर बेटी।"

कुमार ने लापरवाही से कहा, "मैं पराई लड़कियों पर ताक-झांक नहीं करता।"

अचानक कुमार की निगाह देवीसिंह के खेत की ओर गई। देवीसिंह कीचड़ में लथपथ था और उसका बैल दलदल में फंस गया था।

कुमार और श्याम दोनों उस ओर लपके। कुमार को देखते ही देवीसिंह में जान-सी आ गई। वह बोला, "कुमार बेटा, मेरा बैल दलदल में फंस गया है। जरा निकालने में मेरी मदद करना।"

कुमार ने बैल की स्थिति का अध्ययन किया। फिर कहा, "काका! बड़ा बांस लाओ।"

काका भागकर अपनी झोंपड़ी में गया। उसने जल्दी से एक बांस लिया। भागकर आया। कुमार ने उस बांस को बैल के नीचे से डाला। फिर उसने,

देवीसिंह और श्याम ने मिलकर बैल को दलदल में से निकाल दिया। देवीसिंह ने कुमार को हजारों आशीषें दीं, "जुग-जुग जिओ मेरे लाल, तू सचमुच देवदूत बनकर यहां आ गया। भगवान तुम्हें मेरी उम्र भी दे दें।"

कुमार ने हंसकर कहा, "अरे काका, क्यों अपनी उम्र को बांटता रहता है।"

फिर वे दोनों चल पड़े। एकाएक कुमार ने कहा, "यार श्याम घर चलो। आज मां हमें हलवा खिलाएंगी।"

श्याम ने कहा, "आज यदि तू दारू का बन्दोबस्त कर दे तो मजा आ जाए।"

"फिर दारू की बात...।"

श्याम ने कहा, "दोस्त! जिसका जो स्वभाव पड़ गया है, वह तो मरने के बाद ही जाएगा।"

कुमार ने कहा, "बुराइयों से दूर रहने में ही इन्सान की भलाई है।"

श्याम ने कोई जवाब नहीं दिया।

वे दोनों कुमार के घर की ओर बढ़ने लगे।

रानो अपने महल में उदास-उदास सी बैठी थी। उसकी खास सहेली बनाम दासी चंदा उसे मोर की पंखों का बना पंखा

झल रही थी। उसकी धीमी-धीमी हवा रानो को सुख दे रही थी। सुबह की ठंडक अब भी हवाओं में थी। रानो उस दिन के बाद कुमार पर फिदा भी थी और नाराज भी। चंदा ने पूछा, "बाई जी! आप आजकल बड़ी उखड़ी-उखड़ी और उदास-उदास सी रहती हैं, क्या बात है?"

"नहीं तो?" रानो ने संभलकर कहा।

"झूठ मत बोलिए। मैं भी उड़ती चिड़िया को पहचान लेती हूं। आखिर जूठा आपका ही खाती हूं।" चंदा ने जरा गर्व से कहा।"नहीं री, कोई बात नहीं है।"

"मैं बताऊं, बात क्या है?"

"तू मेरे मन की बात कैसे बताएगी? क्या तू ज्योतिषी है?" रानो ने त्यौरियां चढ़ाकर कहा।

"हां बाई जी, मैं आजकल ज्योतिषी हूं। चेहरे के रंग-ढंग को देखकर दिल की बात समझ लेती हूं।"

“फिर बता?”

“आप बुरा न मानिएगा?” चंदा ने क्षमा-याचना भरे स्वर में कहा, “आपने जब से कुमार को देखा है तब से आप बेचैन और परेशान हैं।”

चंदा के चुप होते ही रानो को कुमार की हेकड़ी याद आ गई। उसने घृणा से मुंह बिगाड़कर कहा, “मैं उसकी कोई

परवाह नहीं करती। मैं उस घमंडी पर थूकूंगी भी नहीं।”

चंदा उसके मन के भावों को समझ गई। बोली, “बाई जी! जिस दिन वह आपकी एक झलक भी देख लेगा, उस दिन पागल हो जाएगा।”

“मैं उसे यह मौका नहीं दूंगी।”

चंदा ने रानो को घूरा! बोली, “यह प्यार है न, इस पर किसी का वश नहीं है। यह जब दिलों में भड़कता है तब इसकी लपटें बिना हवा के भी तेज जलने लगती हैं। जब यह परवान चढ़ता है न तो उसे कोई टोक नहीं सकता। यह वह नदी है

जो बिना ज्वार किनारों को तोड़ देती है।”

रानो ने लापरवाही से कहा, “मैं उस आग में जलना ही नहीं चाहती!”

“यह सब बाहरी बातें हैं। जब प्यार दिल में पैदा होता है तब वह दिमाग की बात नहीं मानता।”

रानो ने चंदा को कोई जवाब नहीं दिया। पर वह मन में सोचती रही कि कुमार ने उसपर एक नजर न डालकर बड़ा भारी अपराध किया है। क्या उसे उसके रंग-रूप के बारे में पता नहीं? उसकी सुन्दरता के चर्चे तो सारे गांव में होते रहते हैं। वह यह सब सोचते-सोचते ऊब गई। उसने चंदा से कहा, “चलो चंदा, जरा झरने पर टहल आएं ताकि मन बहल जाए।”

“हां, चलो बाई जी।”

दोनों झरने की ओर चल पड़ीं।

महल के पश्चिम की ओर जनाना बाग में वह झरना था। उस झरने के चारों ओर सुन्दर और मनोरम पहाड़ियां थीं। उस

झरने पर सिवाय रानो के किसी को भी स्नान करने का हक नहीं था। हालांकि उसके चारों ओर कोई बनावटी दीवारें नहीं थीं, फिर भी कुदरत की बड़ी-बड़ी चट्टानें चारों ओर थीं। उन चट्टानों की घनी झाड़ियों में विनोद बैठा था। वह अक्सर यहां आता था और चोरी-चोरी रानो के संगमरमरी बदन

को देखता था। अपनी आंखों की प्यास बुझाता था।

विनोद मन ही मन रानो को अपनी वासना का शिकार बनाना चाहता था ताकि वह ठाकुर की इकलौती बेटी का स्वामी बनकर इस जमींदारी का मालिक हो जाए।

वह बड़ा ही कुटिल और चालाक था। कई दिनों से यह रानो के अनुात्त अंगों का आनंद उठा रहा था। आज भी वह आ धमका।

रानो झरने के किनारे-किनारे टहल रही थी। चंदा उसके साथ थी। एकाएक चंदा चौंक पड़ी। वह रानो की निजी तिजोरी खुली छोड़ आई थी। उसमें रानो के कीमती हीरे-मोतियों के जेवर थे।

"मैं चली बाई जी!"

"अरी क्यों?"

"मैं आपकी तिजोरी को ताला लगाना भूल गई।" चंदा ने सहमते हुए कहा।

"जल्दी आना।" रानो ने कहा।

चंदा चली गई।

झरने का एकांत रानो की पदचाप की धीमी-धीमी आहट से और भी खूबसूरत हो गया। रानो टहलती-टहलती थक गई तो झरने के पास बैठकर अपने पांव पानी में भीगोने लगी।

इस समय वह खास तौर पर काला घरारा पहने हुए थी। घरारे को पानी से बचाने के लिए जब उसने अपने हाथ से उसे जरा-सा ऊंचा किया तो काली बदलियों में बिजली-सी चमक उठी। अचानक उसे क्या सूझा कि वह झरने में उतर गई। वह तैरने लगी। तैरते-तैरते वह काफी आगे बढ़ गई। फिर वह उस पार बाहर निकली जहां झक्कड़ के बीच कांटों में फूस मुसकरा रहे थे। उनके पीछे सांप की तरह शैतान विनोद बैठा था। वह रानो के भीगे बदन को देखकर दीवाना हो गया। उसे लगा कि जैसे रानो के भीगे अंग आमंत्रण दे रहे हैं। वह वाचाल हो गया। अपना होश-हवास खोने लगा।

रानो ने एक फूल तोड़ा। उसकी सुगन्ध से अधिक विनोद को उसके शरीर की गंध लगी। इस आबदार हुस्न को उसने कितनी बार देखा है, वह ठीक से गिन भी नहीं सकता लेकिन आज वह सुन्दरता उसके बहुत करीब है, इतनी करीब कि वह उसके खुशबूदार सांसों का भी अहसास कर सकता है।

विनोद शैतान की तरह प्रकट हुआ और उसने रानो का हाथ पकड़ लिया।

रानो चौंक पड़ी। उसने बदन में भय की लहर दौड़ गई। वह सब इतना सायास था कि वह चाहकर भी कुछ कह नहीं पाई।

विनोद मुस्कराया। वह कुछ कहना ही चाहता था कि रानो ने क्रोध में बिफर कर एक जोर का चांटा उसके गाल पर जमा दिया। वह दांत पीसकर बोली, "कमीने! तेरी यह हिम्मत? तूने मेरा हाथ पकड़ लिया। जानता नहीं, मैं ठाकुर महेन्द्रसिंह की बेटी हूं। मैं तुम्हारी खाल खिचवा दूंगी।"

अब विनोद को भी होश आया। वह स्वयं जानता था कि ठाकुर उसे जिन्दा जमीन में गड़वा देंगे। बस, फिर क्या? उसने रानो के पांवों में पड़कर माफी मांगनी शुरू की, "रानो रानी, मुझसे बड़ी भूल हो गई। मैं तुम्हारे रूप की चमक में अंधा हो गया था। इस बार माफी दे दो, फिर मैं इधर नज़र भी नहीं डालूंगा।"

रानो ने उसे ठोकर मारते हुए कहा, "तुमने यह हिम्मत कैसे की? इस झरने की जमीन पर कदम रखने की जुर्रत कैसे की?"

वह हाथ जोड़कर खड़ा हो गया। विनोद था तो कुटिल ही। दुष्टता तो उसके रोम-रोम में बसी थी। अपने दिमाग में एक योजना बनाता हुआ बोला, "उस कुमार के बच्चे ने मेरी अक्ल निकाल ली। उसने मुझे भड़का दिया। मैं उसीके उकसाने पर वह हिम्मत कर गया। मेरी नादानी का उसने नाजायज फायदा उठाया है रानो रानी।"

रानो का गुस्सा विनोद से हटकर कुमार की ओर चला गया। वह सोचने लगी कि यह कुमार अपने को समझता क्या है? मैं कभी इसकी सारी अकड़ मिटा डालूंगी।

विनोद ने कहा, "मैं जाऊं रानो रानी।"

"जाओ, पर फिर कभी इधर देखने की हिम्मत की तो मैं तेरी आंखें निकलवा दूंगी। तुम तो ठाकुर साहब को अच्छी तरह जानते हो?"

विनोद चला गया।

तभी चंदा आ गई। उसने आते ही कहा, "बाई जी! आज तो ठाकुर साहब ने हद कर दी।"

"क्या?"

"बेचारे जमुना चौधरी को घोड़े के पांवों के नीचे डालकर रौंद डाला। उसका कसूर यही था कि उसने ठाकुर साहब के सामने अपनी बड़ी-बड़ी मूंछों पर ताव दे दिया।"

रानो के मुंह से एक आह-सी निकल गई। पता नहीं, उसके पिता इतने जालिम क्यों हैं? इधर तो वह अपने पिता की जालिमाना हरकतों से नफरत करने लगी थी। जमुना की दर्दनाक मौत पर उसका दिल पिघल गया। उसने सोचा कि विनोद को माफ करके उसने अच्छा ही किया वरना वह भी ठाकुर साहब की क्रोध की अग्नि में जलकर भस्म हो जाता। उसे अपने इस कार्य के लिए बड़ा ही संतोष हुआ। रानो ने दुःखी होकर कहा, "पता नहीं पिताजी ऐसा क्यों करते हैं? उनकी इन्हीं क्रूरताओं के कारण मां सितारों के देश चली गई।"

रानो की आंखें भर आई। उसने उदास स्वर में कहा, 'चलो चंदा, महल में चलें।"

दोनों महल की ओर चल पड़ीं।

विनोद बहुत ही बदमाश और दुष्ट था। रानो का झापड़ खाकर वह सीधा चौपाल पर आ गया जहां गांव के कई नौजवान बैठे थे। वे लोग बैठे-बैठे रानो के रूप-रंग और कुमार की वीरता की चर्चा कर रहे थे।

श्याम ने कहा, "कुमार से ज्यादा सुन्दर लड़का मैंने नहीं देखा।"

छलिया बोला, "रानो से सुन्दर लड़की भी मैंने इस धरती पर नहीं देखी।"

विनोद बीच में ही बोला, "पर यह जोड़ी कभी बनेगी नहीं। कहां भूख और गरीबी से दुःखी कुमार और कहां महलों की रानी।"

छलिया झट से व्यंग्य भरे-स्वर में बोला, "पर कुमार उसका पहरेदार तो हो सकता है।"

कुमार ने छलिया पर आग्नेय दृष्टि फेंक कर कहा, "पहरेदार तो मैं ठाकुर साहब का भी नहीं हुआ, फिर रानो का क्या होऊंगा?

विनोद ने झट से कहा, "अरे! वह तो तुम्हें घास भी नहीं डालेगी।"

कुमार ने भी घमंड से सीना तानकर कहा, "मैं कुमार हूं...।"

"यह मुंह और मसूर की दाल?"

"कभी वक्त आने पर बताऊंगा।"

"हाथ कंगन को आरसी क्या?" विनोद ने नहले पर दहला मारा, "वह तो रोज झरने पर घूमने आती हैं, कभी जाकर अपना यह थोबड़ा आओ।"

श्याम ने कहा, "भाई! इन फालतू बातों में अपनो सिर न खपाओ। फागुन आ रहा है, रंग-रंग की बात करो।"

पर कुमार का मन जरा विद्रोही बन गया। उसे विनोद का चैलेंज सताने लगा। वह उठकर चलता बना। अभी वह थोड़ी दूर ही गया था कि विनोद ने उसे पकड़ लिया। व्यंग्य से बोला, "भाई कुमार!

इसमें नाराज होने की क्या बात है? मैंने तो सच-सच ही कहा था। रानो को तो तुम्हारी शक्ल भी अच्छी नहीं लगती है।"

"यह तुम कैसे कह सकते हो?"

विनोद खिलखिलाकर हंसा। फिर वह बोला, मैं तो उससे अक्सर मिलता हूं। दरअसल वह मुझे थोड़ा-थोड़ा चाहने लगी है। आज तो जब मैंने उसका हाथ पकड़ा तो वह मुस्करा पड़ी। भाई, यह सब प्रेम-परमेश्वर की ृपा है।"

कुमार को अपमान-सा महसूस हुआ। उसने कहा, "मैं एक बार जरूर रानी से मिलूंगा।"

"मिलना। मिलने में कोई हर्ज नहीं है।...शायद वह तुम्हें देखते ही गश खा जाए। वैसे तुम भी रानो से कम खुबसूरत नहीं हो।"

कुमार जितना ही बहादुर था उतना ही सीधा भी। उसे दुनियादारी व छल-कपट का ज्ञान नहीं था। वह विनोद के प्रपंच में उलझता गया।...विनोद उसे भड़काता रहा और वह भड़कता रहा। आखिर कुमार ने निर्णय-भरे स्वर में कहा, "मैं एक बार रानो से जरूर मिलूंगा।"

विनोद ने एक और तुरप खोली, "यदि तुम रानो से मिलकर वापस आ गए तो मैं तुम्हें अपने बैलों की एक जोड़ी दे दूंगा।"

कुमार का निर्णय और मजबूत हो गया।

उस दिन दोपहर ढलने के बाद जैसे ही कुमार अपनी झोंपड़ी से बाहर निकला कि बिल्ली ने रास्ता काट लिया।

लंका बाहर चौकी पर बैठी हुई अनाज साफ कर रही थी। उसने बिल्ली को रास्ता काटते हुए देख लिया था। कुमार को टोकने हुए बोली, "बेटा! अभी घर से बाहर मत जाओ। बिल्ली ने रास्ता काट लिया है।"

"अरे माई, काहे को दिल छोटा करती है? बिल्ली के रास्ते काटने से सर्वनाश नहीं होता। बिल्ली तो लक्ष्मी होती है।"

"नहीं बेटा, मेरा दिल नहीं मानता।"

"तू फिक्र मत कर।"

कुमार बाहर चला गया। थोड़ी देर बाद उसे खुद महसूस हुआ कि उसकी दाई आंख फड़क रही है। वह न चाहते हुए भी थोड़ा आशंकाओं से घिर गया।

पर उसने साहस नहीं छोड़ा। उसे विनोद की चुनौती को स्वीकार करके उससे बैल लेने थे। बैलों ने उसके भीतर के लालच को बढ़ा दिया। वह झरने पर आई थी। चंदा झरने से लगे हुए बगीचे में फूल चुन रही थी। रानो अकेली थी। कुमार बड़ी सावधानी से झरने के पास पहुंचकर एक बनी झाड़ी की ओट में बैठ गया।

रानो टहलती रही। फिर उसने झरने के पास बैठकर ठंडे पानी में अपने पांव डाल दिए। सदा की तरह उसने अपने काले घरारे को ऊंचा किया। कुमार को ऐसा लगा जैसे काले स्वाह बादलों में कोई बिजली कौंधी हो! जब रानो ने अपने पांव को जोर से पानी के बाहर निकाला तो घुंघरू छम-छम से बज उठे। तभी जंगली चिड़िया बोल उठी। रानो ने उस ओर देखा। कुमार को लगा कि सचमुच रानो कोई देवलोक की अप्सरा है। जन्नत की हूर। वह लुट-सा गया।

फिर रानो झरने के पानी में उतरकर सुनहरी मछली की तरह तैरने लगी। उसकी भीगी हुई सुन्दरता बेहद मासूम लग रही थी। काले बालों में उसका मुखड़ा चांद-सा लगा। मानो पानी में कोई कमल खिल रहा हो! रानो के घने काले और लम्बे बालों में पानी की चंद बूंदे मोतियों की तरह चमक रही थीं। उसकी मुस्कराहट उसे अपनी ओर खींचती हुई लगी। उसके लाल-लाल होंठ ऐसे लग रहे थे जैसे किसी ने गुलाब की लालिमा चुराकर लगा दी हो। रानो बाहर आकर खड़ी हो गई। उसका भीगा बदन कुमार के शरीर में लपटें उठाने लगा। वह मन ही मन मुग्ध होकर बोला, सचमुच वह कोई अप्सरा है। गलती से धरती पर आ गई है।

कुमार भावुकता में डूब गया। वह सब कुछ भूलकर आहिस्ता-आहिस्ता रानो के पीछे की ओर गया। बोला, "मैं आपको नमस्कार करता हूं रानो?"

रानो चौंक पड़ी। उसके भीतर एक साथ कई ज्वालामुखी जन्म आए। वह भड़ककर बोली, "कमीने! तू आज फिर आ गया। तूने समझा होगा कि

मैं तुझे बार-बार माफ कर दूंगी? नहीं, मैं एक बार ही एक इन्सान को माफ करती हूं।" और उसने जोर-जोर से शोर मचा दिया, "बचाओ-बचाओ।"

कुमार तो हक्काबक्का और विमूढ़ हो गया। एक साथ इतनी बदली हुई परिस्थिति में वह अपने को संभाल नहीं पाया। न वह कुछ बोल सका और न वह भाग सका।

लेकिन रानो जल्दी-जल्दी भागी। वह झरने के किनारे काई जमे चिकने पत्थरों पर भाग रही थी कि उसका पांव फिसल गया। पांव फिसला तो ऐसा फिसला कि संभाले भी नहीं संभला। वह काफी घबरा गई थी। उसके हाथ-पांव फूल गए थे।

यह सब इतना अचानक हुआ कि वह सही ढंग से सोच भी नहीं पाई। वह लुढ़कती-लुढ़कती पानी में गिर पड़ी। इस बार वह फिर चिल्लाई- "बचाओ-बचाओ।"

कुमार ने जोर से छलांग लगाई और पानी में जाकर रानो को पकड़ लिया। यदि आज कुमार उसे नहीं बचाता ता शायद इस घबराहट में रानो पानी में डूब ही जाती।

इधर वे पानी में से बाहर आ रहे थे उधर संयोग समझिए कि कालू और ठाकुर दोनों आ धमके। ठाकुर ने जब कुमार से लिपटे-चिपटे रानो को देखा तो उसका खून खौल उठा। उसे लगा कि इस नाकुछ आदमी की यह हिम्मत कि वह मेरी पर्दानशीन बेटी को अपनी बांहों में भरे?... उसे लगा कि कुमार ने उसकी पगड़ी उछाल दी है। उसका शरीर आग होने लगा। इस बीच कुमार अपनी बाहों में रानो को उठाए बाहर आ गया था। कुमार ने एक नज़र रानो को देखा। रानो का जिस्म पानी में तप रहा था।

रानो को छोड़कर कुमार खड़ा हो गया। अब रानो ने भी कुमार को पहचान लिया था। हाय! वह क्यों चिल्लाई? यह तो कुमार है जिसको वह अपनी एक झलक दिखाने की कोशिश कर रही थी। यह सब क्या हुआ? पर अब रानो विवश थी। वह अपने बाप के क्रूर स्वभाव से परिचित थी। यदि उसने जरा-सी भी कुमार के प्रति सहानुभूति प्रगट कर दी तो उसका बाप उससे भी नाराज हो जाएगा। इसलिए वह खामोश रही। अपराधी की तरह गर्दन झुकाए खड़ी रही।

"तुम यहां कैसे आए? ठाकुर ने गुर्राकर पूछा, तुमने यहां जनाना बाग में आने की हिम्मत कैसे की?"

कुमार खामोश खड़ा रहा। उसने एक शब्द भी नहीं बोला। रानो की ओर मुखातिब ठाकुर ने पूछा, "क्या कुमार को तुमने बुलाया?"

"नहीं, नहीं। रानो ने घबराकर कहा।

इस बार कुमार ने अपना मौन तोड़ा। वह बड़े ही संयत स्वर में बोला, रानो जी ने मुझे नहीं बुलाया, मैं वैसे ही आ गया।"

ठाकुर का रोम-रोम गुस्से की आग में जल उठा। वह नफरत भरे स्वर में बोला, "आखिर छोटा आदमी अपना छोटापन दिखा कर ही रहता है। कुमार! तुमने बड़ी नीचता की है। तुम्हारा अपराध माफी के योग्य नहीं है।"

"लेकिन मेरी नीयत कोई खराब नहीं थी। मैं रानी रानो की इज्जत करता हूं।"

"हमारी बेटी को देखकर तुम इज्जत करने की बात करते हो कमीने!" ठाकुर ने उसके गाल पर तमाचा जड़ दिया। तमाचा भरपूर था। उसका जबड़ा तक हिल गया। एक पीड़ा की लहर कुमार के भीतर उठकर भर गई।

कालू ने भी उसकी पीठ पर धौल जमाई। कुमार को गुस्सा आ गया। उसने पलटकर कालू के गाल पर इतने जोर से घूंसा मारा कि कालू चक्कर खाकर गिर पड़ा।

ठाकुर को और भी गुस्सा आ गया। उसके सामने उसके खास कारिन्दे का अपमान? कुमार ने कहा, "आप ठाकुर हैं, माई बाप हैं; मुझे मेरी गलती की सजा दे सकते हैं, लेकिन इस कुत्ते को कह दीजिए कि वह मुझे छुए नहीं।"

ठाकुर ने कुमार को गौर से देखा। फिर उसने अपने आदमियों को बुलाया। थोड़ी देर में कुमार के हाथों में हथकड़ियां और पांवों में बेढ़ियां थीं।

रानो वहां बुत की तरह खड़ी थी। उसे न कुछ कहते बनता था और न कुछ सहते। उसने तो शोर इसलिए मचाया था कि आगन्तुक विनोद होगा। उसे वह मालूम हो जाता कि यह कुमार है तो वह उसे नए ढंग की सजा देती। जब कुमार को हथकड़ियों और बेड़ियों में जकड़ लिया गया तो रानो से सहन नहीं हुआ। वह तड़पकर महल की ओर चली गई। ठाकुर के आदमी कुमार को जंजीरों में जकड़कर बरगद के पेड़ के पास ले आए। उस पेड़

की जड़ों के पास एक चबूतरा था। उस चबूतरा के पास एक खंभा था। वह खंभा लोहे का नहीं, पत्थर का था। उस खंभे से कुमार को बांध दिया गया। ठाकुर ने अपने आदमियों को कहा, "इसे इक्यावन कोड़े लगाए जाएं।"

कालू इसी अवसर की तलाश में था। वह जल्लाद की तरह कोड़े बरसाने लगा। रानो अपने कमरे की खिड़की से कुमार के शरीर पर पड़ते कोड़ों को देखती रही। पीड़ा से तिलमिलाती रही और आंसुओं को ढरकाती रही। बार-बार वह अपने को डांट रही थी कि उसने यह सब क्या कर दिया यह सब क्यों हो गया? कालू कोड़े बरसाता रहा। कुमार शेर की तरह उन कोड़ों को सहता रहा।

यह बात जंगल की आग की तरह गांव में फैल गई। विनोद वैसे तो दुःख का अभिनय कर रहा रथा पर वह भीतर से खुश था। उसने ही तो इधर कुमार को रानो के पास भेजा और उधर ठाकुर को कह दिया, "मैं तो आपके पांवों की धूल हूं।...

ठाकुर सा! मैं आपकी इज्जत पर कीचड़ उछलते नहीं देख सकता। आज कुमार जनाना बाग के झरने पर गया है तो कल...?"

"तुम झूठ बोलते हो?"

"राम कसम ठाकुर सा, यदि मैं झूठ बोलूं तो आपकी जूती और मेरा सिर।"

ठाकुर ने चेतावनी भरे स्वर में कहा, "याद रखना, यदि यह सब गलत हुआ तो मैं तुम्हारी जबान खींच लूंगा।"

"मंजूर है।"

और उसी दुष्ट विनोद ने सारे गांव में इस बात की चर्चा फैला दी। श्याम भागकर लंका के पास गया। वह घबराए हुए स्वर में बोला, "मौसी...कुमार को ठाकुर साहब ने पकड़ लिया है।"

"क्यों?"

श्याम ने सारी दास्तान बताते हुए कहा, "मौसी, हमें चलना चाहिए वरना ठाकुर उसकी जान निकाल देगा।"

थोड़ी देर में वहां खासी भीड़ जमा हो गई। विनोद अपनी कुटिलता की सफलता पर बड़ा ही खुश था। आज उसने कुमार को मात दे ही दी।

कुमार कभी भीड़ पर और कभी उसी खिड़की की ओर निगाह मार लेता था जिसके रेशमी पर्दों के पीछे उसकी हमदर्द आंखें थी।

इसी समय लंका ने प्रवेश किया। वह बावली-सी लग रही थी। उसने जोर से चीखकर कहा, "ठाकुर साहब! ...ठाकुर साहब! मेरे बच्चे को छोड़ दीजिए। इतने छोटे कसूर की इतनी भयानक सजा? यह इन्साफ नहीं है।"

ठाकुर ने कड़ककर कहा, "हमारी पर्दानशीन बेटी को देखना बहुत बड़ा गुनाह है। यह तो हमारी इज्जत पर खुल्लम-खुल्ला हमला हुआ।"

लंका बड़ी जीवट वाली औरत थी। दिलेर और साहसी। वह थोड़ी आगे बढ़ी और बोली, "ठाकुर साहब! आप यह न भूलें कि आपने ताजिन्दगी इससे भी बड़े-बड़े गुनाह किए हैं। मेरे बेटे ने नादानी के कारण रानो बिटिया को देख लिया तो आपने उसे गुनाहगार समझ लिया और उसे सजा दे दी और आप गांव की मासूम और बेजुबान बहू-बेटियों के बच्चे गोश्त से भूख मिटाते रहे हैं, उनकी इज्जत से खेलते रहे हैं... ज़रा अपने गिरेबान में झांकिए. .. माना कि हम कमजोर और मजबूर हैं, असहाय और निर्बल हैं लेकिन इस दुनिया की अदालत के अलावा भी एक और अदालत है, वह अदालत है परमात्मा की। वहां आप अपने खूनी गुनाहों को नहीं छुपा सकेंगे। ठाकुर साहब! उन नरक के खौलते हुए कड़ाओं को याद कीजिए वहां भी इन्सान को सज़ा मिलती है।"

"बदजुबान, खामोश रह।"

लंका सीना तानकर बोली, "मैं खामोश नहीं रहूंगी। उस आदमी को दूसरे आदमी को दंड देने का कोई हक नहीं है जो खुद गुनहगार है।"

ठाकुर का अस्तित्व हिल गया। आज लंका की ओजस्वी वाणी ने उसे कमजोर कर दिया। उसे महसूस करा दिया कि वह अपराधी है। हारे सिपाही की तरह बोला, "ले जाओ अपने इस नकारा बेटे को। इसे समझा देना कि वह इस महल की ओर अपनी निगाह तक न करे।"

श्याम ने लपककर कुमार को बन्धन-मुक्त कर दिया। कुमार के जिस्म से खून रिसने लगा था पर उस जांबाज इन्सान ने उसकी परवाह नहीं की। वह शेर की तरह सीना तानकर चल पड़ा।

रानो ने भगवान से दुआ की कि चलो उसने कुमार को अत्याचार से तो बचा लिया। उसकी आंखें एक बार और बरस पड़ीं और कुमार शब्द उसके कानों के चारों ओर मंडराता रहा। कुमार को खाट पर गुदड़ी बिछाकर सुला दिया गया। श्याम ने उसके रिसते जख्मों को देखा। लंका दूध में हल्दी

मिलाकर कुमार को पिलाने की व्यवस्था कर रही थी। गांव के कई जवान इस घटना के कारण काफी नाराज नज़र आ रहे थे। उनमें तीव्र रोष और विरोध था। वे सोच रहे थे कि क्यों नहीं इसका विरोध किया जाए। लंका दूध का कटोरा लेकर आई। दूध के साथ हल्दी मिली थी। कुमार को सौंपते हुए कहा, "इसे पी ले। दर्द कम हो जाएगा और शरीर मजबूत होगा।"

कुमार तो ठहरा कसरती। एक ही सांस में कटोरा खाली कर गया।

लंका ने सवाल भरी नजर जमाकर कहा, "तुम्हें बैठे-बैठे यह क्या सूझी? जानते नहीं कि जनानाखाना में जाना बहुत बड़ा अपराध है।"

"मुझे मालूम नहीं था।"

"ठीक है।"

लंका झोंपड़ी के भीतर चली गई, दूसरे लोग भी चले गए। श्याम ने पूछा, "रानो कैसी है?"

"बहुत ही सुन्दर। मुझे ऐसा लगा कि आकाश की परी धरती पर उतर आई है।"

"दिल में कुछ-कुछ हो रहा है?"

"बहुत कुछ हो रहा है। उसकी छुअन का अहसास मेरे मन में अजीब-सी गंध बसा गया है।"

श्याम ने झट से कहा, "गए काम से!"

"मतलब?"

"इसे ही प्यार कहते है।"

कुमार ने कोई जवाब नहीं दिया। श्याम भी खाट बिछाकर पास ही सो गया। रात का अंधेरा फैल गया था। तारे झिलमिलाने लगे थे। कुमार उन तारों में रानो का चेहरा देखने की कोशिश कर रहा था। सचमुच उसे रानो से प्यार हो गया है? क्या इसी बैचेनी, तड़प और उचाटपन को प्यार कहते हैं? वह रात-भर सो नहीं सका।

"नींद नहीं आ रही है?"

"नहीं।"

"क्यों?"

"मैं क्या जानूं?"

"मैं बताऊं?"

"बता।"

"आपको प्यार हो गया है।"

"किससे?"

"जानकर अनजान मत बनिए। चन्दा उसके बहुत करीब आ गई। रानो ने करवट बदलकर चन्दा की गर्दन पर अपनी बांह रख दी।"

"दीये का उजाला उन दोनों के चेहरे पर पड़ रहा था। उसमें रानो का सौन्दर्य दहक रहा था। उसने केवल लहंगा और कांचली पहन रखी थी। उस खुली पोशाक में उसकी सुन्दरता का खुलापन महक रहा था।"

"सच, मुझे मालूम नहीं।" रानो ने कहा।

"फिर नींद क्यों नहीं आती।" चन्दा उसपर झुक गई। रानो ने खींचकर उसका चुम्बन ले लिया और एक लम्बी आह छोड़ी।

"इतनी लम्बी आह।" चंदा उससे लगभग सटकर बोली, "यह एक चुप-सी आह है...इस आह में प्यार की राह है, दिन की आह है।"

"अरे तू तो कविता करने लगी।"

"आपकी सोहबत का असर है।"

रानो सहसा गंभीर हो गई। वह बैठकर बोली, "चंदा, सच मुझे कुमार से प्यार हो गया हैं। मैं तुम्हारे सामने झूठ नहीं बोलूंगी। उस दिन कोड़े उसके शरीर पर पड़ रहे थे और चोट मुझे लग रही थी। चंदा, इस महल की दरोदीवारों में एक तू ही मेरी सहेली है। कल किसी भी तरह तू कुमार के पास जा और उससे माफी मांगकर आ। उसे कहना कि मैंने विनोद के धोखे में तुम्हें पकड़वा दिया। मुझे गलतफहमी हो गई।"

"उससे माफी मांगकर आऊंगी।"

"देख, किसीको खबर न हो वरना तेरी चमड़ी उधेड़ दी जाएगी।" रानो ने चेतावनी दी। चंदा ने घमंड से कहा, "मैं भी आपकी पक्की सहेली हूं। कच्ची गोलियां नहीं खेली हैं।"

दूसरे दिन चंदा कुमार के पास पहुंची। वह अपने खेत में काम कर रहा था। उसके चंद जख्म अब भी हरे थे। चंदा ने कुमार को अपना परिचय देकर कहा, "रानो रानी ने आपसे माफी मांगी है। उसने आपको देखा ही नहीं, उसने तो विनोद के धोखे में आपको....।"

"उन्हें कह दीजिएगा कि कुमार ने माफ कर दिया। साथ ही उन्हें यह भी कहिएगा कि वह उन्हें, एक पल भी भूल नहीं पा रहा है।" कुमार मुस्करा पड़ा।

"उनकी भी यही स्थिति है।" चंदा ने शर्माकर कहा।

"सच!" कुमार खिल गया।

"हां!"

"पर यह दुनिया प्यार करने वालों को कहां जीने देती हैं? कदम-कदम पर बाधाएं पैदा करती है।"

चंदा ने साहस-भरे स्वर में कहा, "प्यार करने वाले इस दुनिया से कभी नहीं डरते।"

और वह चल पड़ी।

कुमार सोचने लगा कि चंदा ने ठीक ही कहा था कि प्यार करनेवाले दुनिया से नहीं डरते। फिर वह वाक्य उसकी आत्मा की गहराइयों में गूंजता रहा।

लाश!

नदी में बहती हुई एक लड़की की लाश।

सारा गांव आतंकित हो गया। यह लाश कहां से आई है?

गांव के चंद जवानों ने उस लाश को बाहर निकाला। पहचानने की कोशिश की पर उस लाश के मुंह को इतनी बुरी तरह से कौंच दिया गया था कि उसे पहचानना मुमकिन नहीं था।

उसी समय होरी आया। उसने रोते-रोते कहा कि उसकी बेटी छमिया तीन दिन से गायब है। फिर उसने जैसे ही लाश को देखा वैसे ही वह दहाड़ मारकर उससक चिपक गया, "यह मेरी बेटी छमिया है।...यही मेरी लाड़ली है। हाय, यह किस राक्षस का काम है? हाय मेरी छमो...।"

सबके दिल भर आए। चंद औरतें तो रोने लगीं। तभी लंका आ गई। कुमार आ गया। लंका ने जैसे ही लाश को देखा वैसे ही वह दर्द से भर आई। तड़पकर बोली, "इस लाश को ठाकुर के पास ले जाया जाए। उसे कहा जाए जो अपनी बेटी को देखने-भर का दंड इक्यावन कोड़े लगवाता है, वह इसकी मौत की क्या सजा मुकर्रर करेगा?"

संयोग से ठाकुर आ गया। वह अभी 'आकाश-महल' से लौट रहा था। भीड़ को देखकर वह चौंका और सहमा। कुमार ने जैसे ठाकुर को देखा वैसे ही वह बोला, "लो, ठाकुर साहब स्वयं आ गए।"

"क्या बात है?" ठाकुर ने गंभीर होकर पूछा। कालू लड़ाकू मुद्रा में खड़ा हो गया।

"यह होरी की बेटी छमिया की लाश है।"

"लाश? यह किस शैतान की कारस्तानी है? मैं उसकी बोटी-बोटी काटकर चील-कौओं को खिला दूंगा।" ठाकुर भड़का।

"उस कमीने और पापी शैतान को तो भगवान ही जानता है।" लंका ने गाली दी, "एक दिन जब उसकी अपनी बेटी इस हाल में नदी में बहती हुई आएगी तब उसे अपने गुनाहों का अहसास होगा।"

ठाकुर घड़ियाली आंसू बहाता रहा। वह पश्चाताप करता रहा। फिर उसने होरी को दाह-संस्कार के लिए चंद रुपये दिए और चल पड़ा।

कालू ने रास्ते में कहा, "आजकल गांववालों में विद्रोह की आग है। पहले तो कोई आपके सामने गर्दन भी नहीं उठा सकता था।"

"लेकिन तुम बड़े बेवकूफ हो। लाश को इस तरह पानी में क्यों छोड़ा?"

"फिर क्या करता?"

"साला पत्थर बांधकर नदी में डालता।"

"गलती हो गई।"

"आगे से गलती हुई तो साले के नाक-कान काट लूंगा।" ठाकुर ने घृणा से कहा। महल आ गया था।

वे दोनों भीतर गए।

प्यार की आग बड़ी जबरदस्त होती है। वह जिस दिल में एक बार भड़क जाती है फिर काबू नहीं आती। वह दिन-प्रतिदिन भड़कती रहती है और तेज होती रहती है।

कुमार का मन रानो के लिए तड़पने लगा। उधर रानो चाहती थी कि एक बार कुमार से मिलकर अपनी गलती की माफी मांग ले। पर रानो के चारों ओर कड़े पहरे थे। महल से बाहर निकलना उसके लिए खतरे से खाली नहीं था। केवल चंदा ही उसकी भावनाओं को कुमार तक पहुंचाती रहती थी।

कुमार इससे भी संतुष्ट रहता था। कब, कैसे और कहां वह रानो से मिले। और उस दिन उसने चंदा से कहा, "चंदा, यदि रानो मुझसे सचमुच प्यार करती है तो वह एक बार सारे बंधानों को तोड़कर मेरे पास आ जाए।"

चंदा ने जब बात यह बात रानो को कही तो रानो बिलकुल बेचैन और व्यग्र हो गई। वह कुमार की चुनौती को स्वीकार कर उसके पास जाना चाहती थी ताकि कुमार उसके सारे गुनाह माफ कर दे। उसे अपने प्रति वफादार जाने। वह कसमकस में झूलती रही। अंत में उसने कुमार को कहलवाया कि अमावस की रात को वह उसी झरने के पास मिलेगी। कुमार यह संदेश पाकर प्रफुल्लित हो गया। उसे लगा कि उसके निर्जीव होते शरीर में नयी जान आ गई है। वह उस रात झरने के पास पहुंच गया। घना अंधेरा छाया हुआ था। सिर्फ तारों का धुंधलका फैला हुआ था। झरने का पानी ठहरा-ठहरा-सा था। आसपास के सारे पेड़ खामोश और चुप थे। हवा भी किसी के दामन की गिरफ्त में जा चुकी थी। सन्नाटा भी कुछ-कुछ बोलता हुआ लगता था।

रानो और चंदा दोनों महल के पिछले दरवाजे से निकली। दोनों ने काले लबादे ओढ़े हुए थे। वे दोनों अंधकार में मिल से गए थे।

झरने के पास पहुंचते ही कुमार उठ खड़ा हुआ। रानो का हृदय धड़कने लगा। जिन्दगी में पहली बार वह किसी पुरुष से मिलने जा रही थी।

जब वह कुमार के नजदीक आ गई तब कुमार ने मद्धम स्वर में कहा, "रानो, मेरा गुजरा कबूल हो।"

"मैं कबूल करती हूं।"

चंदा ने पीछे हटते हुए फैला दी। रानो की अनंत प्यासी आत्मा कुमार के आलिंगन में बंध गई। रानो के बुदबुदाते हुए अधर कुमार के होंठों से जा लगे। एक स्वर्गीय आनंद। एक खुशियों का अम्बार!

कुछ पलों की मुग्धता के बाद रानो ने कहा, "तुमने मुझे माफ कर दिया कुमार?"

"मुझे शर्मिंदा न करो।"

"मैंने जल्दबाजी में तुम्हारे कितने कोड़े लगवा दिए।" रानो उसके पीछे गई। उसकी कमीज को ऊंचा करके उसने उन सूखे हुए जख्मों को देखा। उसका मन एक अजाने दर्द से कराह उठा। वह अपने तपते हुए अधरों से उसके जख्मों को चूमती रही। उसका दिल भर-भर आया।

"देखो रानो, मुझसे छल मत करना। यदि तुममें मुझसे प्यार करने का साहस नहीं है तो मैं इस प्रेम-कहानी को यहीं पर समाप्त करता हूं।"

"नहीं कुमार, नहीं, अभी तो हमारी प्रेम-कहानी शुरू हुई है।" रानो उसके सीने से लगकर भावुकता से बोली, "शुरू को अंत मत समझो।"

"तुम नहीं जानतीं कि तुम्हारा बाप कैसा है!...वह स्वयं दूसरे की इज्जत को चुटकी बजाते हुए लूट लेता है परन्तु वह अपनी इज्जत पर आंच भी नहीं आने देता!" कुमार ने झल्लाकर कहा। रानो चुप हो गई। वह कई पलों तक बुत की तरह खड़ी रही फिर बोली, "यदि मैं तुम्हारे प्रेम की कद्र करने में चूक गई या मैं उसका निर्वाह नहीं कर सकी तो मैं अपनी जान दे दूंगी।"

"सच।"

"हां कुमार।"

दोनों फिर आलिंगन में बंध गए। प्यार की दुनिया भी कितनी रंगीन व हसीन होती है। उसके एक-एक पग पर खतरे हैं पर प्यार के दीवाने उसकी जरा भी परवाह नहीं करते।

रानो उसकी बांहो से अलग होकर बोली, "हां कुमार, मैं तुमसे मिलने के लिए अधिक नहीं आ सकती।"

"मैं आऊंगा।"

"कहां?"

"तुम्हारे महल में।"

"नहीं-नहीं, वहां बहुत खतरा है।"

कुमार ने सीना फुलाकर कहा, "प्यार करने वाले इन फालतू बातों पर नहीं सोचते।"

"फिर कब आओगे?"

"पूर्णिमा की रात...।"

"सच!"

"वायदा।"

कुमार और रानो एक-दूसरे से अलग हो गए।

तभी पत्ते खड़के और किसी के भागने की आहट हुई। कुमार और रानो कांप गए। रानो अपने महल की ओर भाग गई। कुमार ने उन कदमों का पीछा किया पर वे अंधरी झाड़ियों मे कहीं खो गए। विनोद परछाई की तरह कुमार के पीछे लगा हुआ था। फिर भी वह अपनी टुच्ची और गंदी हरकतों से बाज नहीं आता था। बनवारी की बहन बालो अपने किशोरपन

को त्यागकर अल्हड़ जवानी में कदम रख रही थी। विनोद की बुरी निगाह उसपर जा टिकी। एक-दो बार तो उसने पैसों का लालच दिखाया। उसे शहर ले जाने के रंगीन सपने दिखाए। जब वह इसपर भी नहीं मानी तो विनोद ने उसपर जबरजस्ती करने की सोची। उसने समझ लिया था कि जब बालो उसकी गिरफ्त में आ जाएगी तब वह कुछ भी नहीं कर पाएगी।

इसी आशा और विश्वास के बल पर उसने बालों को खेत में दबोच लिया। बालों ने चीखने की कोशीश की तो उसने उसका मुंह दबा लिया। बालो कसमसाने लगी। वह वासना में मदान्ध था। वह उसे दांतों से काटने लगा जैसे वह कोई दरिंदा हो। आखिर बालो उसकी गिरफ्त से निकलने में सफल हो गई।

वह भयभीत हिरनी-सी भागी कि कुमार पहुंच गया। बालो कुमार से लिपटकर बोली, "भैया, मुझे उस बदमाश से बचाओ।"

कुमार ने लपककर देखा कि खेत में विनोद पड़ा था। उसने विनोद की गर्दन पकड़कर उठाया। विनोद ने कहा, "कमीने...नीच...पापी, मैं तेरे दांत तोड़ दूंगा।" और कुमार ने एक घूंसा उसके मुंह मर मारा। सचमुच दो दांत टूटकर बाहर गिर गए।

"साला बदमाश...फिर गांव की लड़कियों को छेड़ने लगा। तेरी जोर-जबरदस्ती अब नहीं चलेगी।"

विनोद कुत्ते की तरह हांफ रहा था। उसके होंठ व ठोढ़ी खून से भर गए। उसने उसे पोंछते हुए कहा, "मैंने इसका बदला नहीं लिया तो मेरा नाम विनोद नहीं। मैं तुझे चैन से नहीं रहने दूंगा।"

विनोद प्रतिहिंसा की आग में जलता हुआ चला गया। कुमार बालो के पास गया। बोला, "तुम इतनी कमजोर क्यों हो?

ऐसे समय ताकत व अक्ल दोनों से काम लेना चाहिए। प्रालो सुबकने लगी। कुमार चला गया।

नदी के किनारे बैठकर गुनगुनाने लगा। उसे रानो के साथ बिताए पल सताने लगे। उसकी इच्छा होती थी कि वह रात-दिन रानो की आगोश में खोया रहे। पूर्णिमा काफी दूर थी। फिर भी चांदनी थोड़ी देर के लिए ढथ्वी को स्नान कराया करती थी। तब कुमार किसी अजीब-सी उत्तेजना से घिरा हुआ भटकता रहता था। कभी-कभी वह पास के घनघोर जंगल में चला

जाता था। कभी वह नदी के किनारे खड़ा-खड़ा इतना उबलने लगता था कि सुबह तक नहाता ही रहता था। पूर्णिमा तक वह पागल-सा हो गया। उसके भीतर शोले भड़कने लगे। सीने से दिल बाहर खिंचने लगा। जब दीवानगी सब्र से बाहर हो गई तो वह सिवाय जंगल में चीखने के कुछ भी नहीं कर सकता था। आखिर पूर्णिमा आ गई।

वह तैयार होकर चांदनी रात में जा पहुंचा। वह सोच रहा था कि यदि किसी ने पकड़ लिया तो वह और रानो अपनी जान दे देंगे ताकि वे उस संसार में पहुंच जाएं जहां केवल इन्सानी प्यार हो। आदमी के बीच किसी भी तरह का भेदभाव न हो। वह महल के पास पहुंच गया। इधर-उधर देखने लगा कि उसे पिछला दरवाजा दिखाई दिया। वह उसमें घुस गया। तभी कोई आवार बदली भागकर आई। चांद उस बदली से आंख-मिचौली खेलने लगा। वह रास्ता रानो के पास ही जाता था। थोड़ी देर में वह एक छत पर था। उसे यह समझते देर नहीं लगी कि वह रानो के कमरे के पास आ गया है।

उसने धीरे-से दरवाजा खटखटाया।

"कौन है?"

"मैं हूं रानो, कुमार।"

दरवाजा खुल गया। रानो उसके सामने खड़ी थी। उसके सारे कपड़े दूध की तरह सफेद थे। उसने घाघरा, कांचली और ओढ़ना पहन रखा था। उसमें वह श्वेत परी-सी लग रही थी। दोनों एक-दूसरे को अपलक निहारते रहे। फिर कुमार बैतावी से उसे बांहों में भरने के लिए आगे बढ़ा कि रानो ने कहा, "तुम यहां कैसे आए?"

"तुमने बुलाया था!"

"मैंने तुम्हें बुलाया था।" रानो ने ताज्जुब से कहा।

"हां!" कुमार ने इतमीनान से उत्तर दिया।

"मैंने तो तुम्हें नहीं बुलाया था।"

"क्या-क्या...क्या?" रानो के इस सवाल से वह घबरा गया।

"हां, मैंने तो तुम्हें नहीं बुलाया था।" उसने दृढ़ता से कहा।

"रानो, मुझसे ऐसा मजाक न करो।" उसने कांपते हुए स्वर में कहा, "तुम नहीं जानतीं कि मैं तुम्हें कितना प्यार करता हूं।"

"तो मैं क्या करूं?" रानो ने जरा पीछे हटकर कहा, "मुझे चाहनेवालों

की इस धरती पर कमी कहां है।"

"ओह!" कुमार के मुंह से कराह-सी निकली। उसे लगा कि इस रानो को क्या हो गया है। क्या वह पागल हो गई है?

"मेरे पीछे तो लाखों दीवाने घूमते हैं।"

कुमार ने कहा, "मैंने सोचा था कि इन महलों में रहने वाले भी प्यार की कद्र करना जानते हैं पर आज मैं समझा कि पत्थरों की दीवारों के बीच रहनेवाले बेजान ही होते हैं। ख्याल था कि जिस तरह मैं पूरे पखवारे बेचैन रहा, उसी तरह तुम भी बेचैन रही होगी।"

"वह कैसे?" रानो ने नखरे से कहा।

"उस दिन के वे थरथर्राते हुए बदनों के स्पर्शों को याद करो। तुम एक जवान लड़की हो। इन बेजान दीवारों में तुम्हारी आत्मा घुटती है। मेरे प्रेम को पाकर तुममें नई धड़कन जागी होगी। एक जवान और खूबसूरत दिल की असली खूबसूरती तो

यही है कि वह प्यार की लपटों में तपे। वह नर्म हो, कोमल हो।"

"बस-बस!" रानो ने उसे रोकते हुए कहा, "बातें तो खूब करना जानते हो? शायरी करने लगे हो क्या? लेकिन जरा सोचो कि मैं ठहरी एक धनवान ठाकुर की बेटी और तुम हो एक गरीब किसान। कम से कम मैं तो ऐसी मोहब्बत की कायल नहीं हूं।"

"अच्छी बात है।" कुमार जल उठा, "अगर यह बात है तो मुझे माफ करना। मैं आज से ही अपना यह चेहरा लेकर दूर, बहुत दूर चला जाऊंगा या फिर यहां पर जोर-जोर से चिल्लाऊंगा ताकि तुम्हारा बाप मुझे जान से मार कर नदी में फेंक दे।"

कुमार वापस मुड़ने लगा कि रानो ने झपटकर उसे पकड़ लिया। उससे लिपटती हुई वह बोली, "अरे! मैं तो मजाक कर रही थी। कुमार! मैं अब तुम्हारे बिना नहीं जी सकती।"

"सच!"

"हां कुमार...।" वह कुमार के सीने में खो सी गई। फिर उन दोनों में एक ऐसा नशा, ऐसा आनन्द और ऐसी मादक मस्ती छा गई कि दोनों एक-दूसरे में समाते ही गए। जब होश में आए तो कुमार ने उसके बालों को सहलाते हुए कहा, "रानो! भविष्य में मुझसे इतना भयानक मजाक मत करना।"

"आइन्दा ऐसा मजाक नहीं करूंगी।" रानो मुस्कराई।

"वरना कभी यह कुमार मर जाएगा और तुम जिन्दगी-भर तड़पती रहोगी।" कुमार ने फिर उसे अपनी बांहो में भींच लिया। दोनों के बदन जल रहे थे। रानों को मर्द की आगोश में ही नारी की चरम सफलता लगी। थोड़ी देर बाद कुमार रानो से अलग हुआ और बोला, "रानो, मेरी एक बात मानोगी?"

"क्या?"

"हमें देर नहीं करनी चाहिए। आओ यहां से भाग चलें दूर, बहुत दूर जहां प्यार के दुश्मन न हों।"

"शायद इतना अच्छा भाग्य मेरा नहीं है।"

"भाग्य है। बस साहस की जरूरत है।"

"मुझमें ऐसा साहस नहीं है। शायद भगवान को ही मंजूर हो तो यह काम हो सकता है। मैं अपने बाप की इकलौती बेटी हूं। वे मुझे बेहद प्यार करते हैं। जब उन्हें यह पता चलेगा कि मैं जान देने पर उतारू हूं तो शायद वह मान जाएं। पर कुमार इसके लिए तुम्हें बड़ी प्रतीक्षा करनी होगी।" वह बुझे हुए स्वर में भावुकता से बोली।

"करूंगा।" उसने दृढ़ता से कहा।

"अब तुम जाओ। बहुत देर हो गई है।"

उसी समय सीढ़ियों पर कदमों की आहट सुनाई पड़ी। रानो कांप गई, वह भय से कांपती हुई बोली, "कुमार, कोई आ रहा है। जल्दी से भाग जाओ। भगवान के लिए जल्दी से भागो।"

कुमार ने दृढ़ता से कहा "तुम मेरी फिक्र मत करो। अब मुझे यह लोग नहीं पकड़ सकते।"

कुमार दीवार के पास गया। उसने जोर की छलांग लगाई। वह नीम की ढाल से लटका। फिर बन्दर की तरह जल्दी-जल्दी नीचे उतरा! चबूतरे के पीछे होकर वह चारदीवारी के पास पहुंचा। उसपर वह कोने वाली घुमाबदार सीढ़ियों से चढ़ा। ठाकुर की आवाज आई, "कालू गोली मारो...जल्दी करो।"

कालू ने गोली मारी—धांय!

कुमार ने नदी में डाई लगा ली। थोड़ी देर में वह लोप हो गया। ठाकुर के बदन में आग लग गई। वह रानो के कमरे में गया। रानो अपने पलंग पर

खर्राटे ले रही थी। ठाकुर ने उसे हाथ पकड़कर झटके से जगाया, "कौन था वह? बता हरामजादी वह कौन था?"

रानो ने तड़पकर कहा, "आपने मुझे गाली दी। दरअसल यह आपने मुझे नहीं अपने आपको गाली दी है।" रानो रो पड़ी। ठाकुर डर गया। रानो ने रोते-रोते कहा, "मुझे क्या मालूम कि कहां कौन था। मैं तो सो रही थी। आपने मुझे इतनी गंदी गाली दी!"

"लेकिन कालू कह रहा था कि कोई तुम्हारे कमरे की ओर आया था।"

रानो ने सुबकते हुए कहा, "कौन मेरे कमरे की ओर आया था, इसका मुझे क्या पता? यदि आपको मुझ पर अविश्वास है तो लीजिए मैं अभी अपनी जान देकर अपनी पवित्रता और निर्दोषिता का सबूत दे सकती हूं।" और रानो बड़ी नाटकीयता से दीवार की ओर बढ़ी कि ठाकुर ने उसे पकड़ लिया। कहा, "रुक जाओ बेटी।...लेकिन आगे से तुम्हारा झरने पर भी आना-जाना बंद। मैं जल्दी ही तुम्हारी शादी कर दूंगा। जब बेटी की चिन्ता बाप के सिर पर सवार हो जाती है तो उसकी डोली रवाना कर देनी चाहिए।"

रानो ने कोई जबाब नहीं दिया।

ठाकुर और कालू नीचे की ओर चले गए। कालू ने अपने गले का टेंटुआ पकड़कर कहा, "भगवान कसम! मैं झूठ नहीं बोलता। यहां कुमार ही आया था। कालू की निगाहें इतना बड़ा धोखा नहीं खा सकतीं।"

"अब तो कोई ऐसा उपाय करना चाहिए जिससे सांप भी मर जाए और लाठी भी न टूटे।"

"फिर विनोद से कोई बात करनी चाहिए।...वह भी कुमार का जानी दुश्मन है। जब से कुमार गांव में आया है तब से विनोद की ऐयाशी ही बंद हो गई और लगभग तीन-चार बार वह कुमार से पिट चुका है।"

"वाह कालू वाह, क्या पैतरा बताया है।" ठाकुर ने उसकी प्रशंसा की, "कभी-कभी तुम भी कालू बड़ी ही सूझबूझ की बात कह देते हो!"

"आपकी जूठन जो खाता हूं।" वह चापलूसी से बोला।

ठाकुर ने जरा गंभीर होकर कहा, "देखो कालू, कहीं दांव उलटा न पड़ जाए।"

"नहीं मालिक, ऐसा नहीं होगा।"

और ठाकुर अपने शयनकक्ष में चले गए। वहां वे शराब के दो पैग लेकर

सो गए। दूसरे दिन ही कालू विनोद के पास खेत में गया। विनोद पीपल के नीचे खाट डाले सोया पड़ा था। वह अभी कुमार के बारे में ही सोच रहा था कि यदि उस दिन नहीं आता तो बालो को वह अपनी वासना का शिकार बना लेता। फिर पिटाई भी ऐसी की कि अभी तक पसलियों में दर्द होता है। दांत तो वापस आएंगे ही नहीं।

"विनोद भैया, राम-राम!"

"कौन है?" विनोद खाट पर से उठा। उसने पलटकर देखा। कालू को देखते ही वह गंभीर हो गया। झट से बोला, "राम-राम कालू भाई, आज रास्ता कैसे भूल गए?"

"कभी-कभी तो आदमी रास्ता भूलता ही है।" कालू उसके नजदीक आकर उसकी खाट पर बैठ गया। खाट जरा-सी चर-मर्राई।

"बोलो, क्या हुक्म है?"

कालू ने अपनी बगलबंदी की जेब में से चिलम निकाली। विनोद ने उसे मना करते हुए कहा, "अरे यार, चिलम-विलम रहने दे। काम की बात कर। कैसे इधर आए? बिना काम तो तुम मुझे सपने में भी दिखाई नहीं देते?"

कालू ने हंसकर कहा, "सच कहते हो कि कालू बेवजह सपनों में भी नहीं सताता। विनोद, वे क्या है? कालू ने लाल रंग की थैली निकाली।

"ये तो रुपयों की थैली है"

"इसमें पांच सौ एक रुपये हैं। चांदी के कलदार। ये तुम्हें ठाकुर की ओर से भेंट हैं।"

"कहना क्या चाहते हो?"

"इस गांव में एक ऐसा आदमी है जो तुम्हारा और ठाकुर साहब का दुश्मन है! यदि उस दुश्मन का काम तमाम कर दिया जाए तो दोनों को चैन मिल सकता है।"

विनोद ने जरा मुसकराकर कहा, "तुम्हारा इशारा कुमार की ओर है?"

"हां।"

"उस कांटे को तो अब तोड़ना ही पड़ेगा।"

कालू ने आकाश की ओर देखकर कहा, "यदि समय पर कांटे को नहीं तोड़ा जाएगा तो वह फिर पीड़ा पहुंचाएगा। चुभ भी सकता है।"

"हमसे क्या मदद चाहते हो?"

"तुम मुझे सात-आठ तगड़े आदमी दो।"

"मिल जाएंगे।"

"बस, फिर मेरा चमत्कार देखना।"

"वायदा..."

"पक्का वायदा।"

कालू चला गया।

विनोद रुपयों की थैली को गर्व-भरी नज़र से देखता रहा। इसमें पूरे पांच सौ एक रुपये हैं? यदि यह काम मैं कर दूंगा तो ठाकुर सदा-सदा के लिए मेरा हो जाएगा। यदि कभी वह अकड़ेगा तो मैं गांववालों को यह कह दूंगा कि ठाकुर ने ही कुमार को मरवाया था। इस तरह ठाकुर उससे दबता रहेगा। फिर कभी ऐसी भी स्थिति आ सकती है कि ठाकुर रानो के प्रति कोई सहानुभूतिपूर्ण निर्णय ले ले!

रानो के नाम के साथ उसकी जीभ पर मिठास-सी तैर आई। उसे लगा कि रानो उसकी बांहों में है। वह और रानो विवाह के पवित्र सूत्र में बंध गए है। सुहागरात मनाने के लिए!...

विनोद काफी उत्तेजित हो गया था। उसे लगा कि उसने सचमुच शादी कर ली। वह बैठा-बैठा काफी मुग्ध हो गया।

एकाएक उसे अपने और रानो के बीच कुमार खड़ा मिला। कुमार के नाम से उसके मन में नफरत की लहरें मलचने लगीं। वह जितना रानो के करीब अपने को समझता था, वह उतना ही कुमार के प्रति घृणा से भरता जाता था। आखिर उसने निर्णय कर लिया कि वह कुमार का काम तमाम कर देगा।

इसके लिए उसने एक योजना बना ली। इस योजना में उसका खास चमचा छलिया भी शामिल हो गया। छलिया ने एक शाम पार्टी की। उसमें उसने गांव के सभी नौजवानों को बुलाया। उसने सबको निमंत्रण देते हुए कहा, "मेरी वर्षगांठ है। इस अवसर पर मैं सबको ठंडाई पिलाना चाहता हूं।"

सारे लोग आ गए। विनोद, छलिया, श्याम और गांव के लगभग सारे नौजवानों ने पहले तो बादाम की ठंडाई का आनंद लिया। छलिया ने बादाम में भांग मिला दी थी। इससे सबको नशा आने लगा। थोड़ी देर बाद सब अपने-अपने घर चले गए। कुमार भी लड़खड़ाता हुआ घर पहुंचा। अपने

झोपड़े के आगे वह खाट बिछाकर सो गया। उसकी मां लंका झोंपड़ी के दरवाजे के बीच अपनी खाट बिछाकर सो गई ताकि कोई भी जानवर भीतर न जा सके। रात ढल रही थी। दूसरे पहर के आते-आते गहरा सन्नाटा छा गया था। चारों ओर नीरवता का साम्राज्य व्याप्त हो गया। कभी-कभी रात का पंछी बोल जाता था।

विनोद और उसके सात साथियों ने अंगोछों से अपने चेहरे ढंक रखे थे। वे सब अलग-अलग दिशाओं से आ रहे थे। विनोद के साथ चार आदमी थे। वे बहुत धीमे-धीमे कदम उठा रहे थे। थोड़ी देर में वे कुमार की खाट के पास पहुंच गए। चारों ओर एक शून्यता थी। विनोद ने अपने साथियों को संकेत किया। उन्होंने रस्सी से कुमार को बांधना शुरू किया।

एक आदमी ने मोटे कपड़े से उसके मुंह को कसके बांध दिया। उसे इतनी चतुराई से बांधा गया था कि वह न तो हिल सकता था और न चीख सकता था। बस, वह कसमसाता रहा, तिलमिलाता रहा। वह किसी को पहचान भी नहीं सका। जब कुमार उनकी गिरफ्त में अच्छी तरह आ गया तब विनोद ने संकेत किया। उसका संकेत पाते ही चार व्यक्तियों ते उसे ऐसे उठा लिया जैसे वह मुर्दा हो। फिर विनोद झोपड़ी के पीछे गया। उसने अपने साथियों को संकेत किया। पलक झपकते ही उन्होंने झोंपड़ी के चारों और आग लगा दी। आग ने घासफूस की झोंपड़ी को जलाना शुरू कर दिया। विनोद और उसके साथी भाग खड़े हुए। वे एक चट्टान के पीछे चले गए। विनोद अपने साथियों से कह रहा था, "इसे कहते हैं अक्ल का खेल। कुमार तो नदी में डूब जाएगा और उसकी मां आग में जलकर भस्म हो जाएगी। कम से कम उसकी मां की हड्डियां तो मिल जाएंगी पर उस बेचारे की तो हड्डियां भी नहीं मिलेंगी।" उसके एक साथी ने कहा, "उस्ताद तो आखिर उस्ताद ही होता है।" भीषण आग की लपटों को देखते ही गांव में हलचल मच गई। लोग कुमार की झोंपड़ी की ओर भागने लगे पर झोंपड़ी बस्ती से काफी दूर थी। जब तक लोग पहुंचे तब तक तो आग ने झोंपड़ी और उसके चारों ओर कांटों की बाड़ को अपनी चपेट में ले लिया। त्राहि-त्राहि मच गई। मौका देखकर विनोद भी भीड़ में जा मिला। वह भी आग बुझाने का नाटक करने लगा। हालांकि लंका माई आग से बचकर बाहर आ गई थी पर

उसका चेहरा झुलस गया था और वह बार-बार चीख रही थी– “मेरे बेटे को बचाओ...मेरे कुमार को बचाओ।”

आग इतनी फैल गई थी कि उन लपटों को पार करना असंभव-सा था। उसकी मां चीखती रही...बिल्लाती रही, “हाय मेरा बेटा...अरे मुझे जाने दो...मैं उसके दो...मैं उसके बिना जिन्दा नहीं रह सकती।...छोड़ दो मुझे... छोड़ दो मुझे।”

पर श्याम और छलिया ने उसे पकड़े रखा। विनोद दूसरे लोगों के साथ आग बुझा रहा था। पर आग पानी से और भड़क रही थी। आग तभी शांत हुई जब सारी झोंपड़ी और कांटों की बाड़ जलकर राख हो गई। सुबह तो वहां तपती राख थी। लंका माई बेहोश हो गई थी।

सारे लोग चले गए। श्याम लंका माई के पास था। उसने एक जासूस की तरह ढूंढ़कर माई को कहा, “माई! मुझे दाल में काला नजर आ रहा है। कुमार की लाश की हड्डियां तक भी नहीं मिल रही हैं।”

“मेरे मन को बहला नहीं। मेरे बेटे की हड्डियां भी उस भयानक आग की लपटों में जलकर राख हो गई होंगी।” और वह फिर दहाड़ मारकर राने लगी।

श्याम का भी हृदय भर-भर आया। वह उठा और बोला, “माई! मैं नई झोंपड़ी बनाने की कोई व्यवस्था कर रहा हूं।”

और वह लंका माई को बिलखता हुआ छोड़कर चल पड़ा। श्याम के मन में संदेह के बादल मंडरा रहे थे। रानो पछाड़ खाकर गिर पड़ी। उसे कई पलों तक होश नहीं आया। चंदा बिलकुल घबरा गई। वह लपककर ठंडा पानी लाई और रानो के मुंह पर छिड़का। रानो को होश आया। वह बुदबुदाई, “नहीं-नहीं, मुझे कुमार अकेला छोड़कर नहीं जा सकता। चंदा कह दो–यह सब झूठ है। कुमार जलकर नहीं मरा।”

चंदा की आंखें भी गीली हो गईं। वह रानो के सिर पर स्नेहिल हाथ फेरकर बोली, “जो सच है, उसे झूठ कैसे बनाया जा सकता है। दरबान स्वयं अपनी आंखों से सब कुछ जलकर राख हुआ देखकर आया है। बाईजी! कुमार तो अब इस नश्वर संसार को छोड़कर दूर, बहुत दूर चला गया है।”

“हे भगवान, यह तूने क्या किया! क्या तुझसे मेरा जरा भी सुख नहीं देखा गया।”

चंदा ने उसे ढांढ़स बंधाते हुए कहा, "आप धीरज रखिए। जो होना था, वह तो हो गया।"

"नहीं, मैं भगवान से प्रार्थना करूंगी।" रानो ने एक धमाका किया, "हालांकि मैंने उसे अपना पति शास्त्रों के अनुसार नहीं माना है पर आज से मैं उसे अपना पति स्वीकारती हूं। मैं ठहरी रजपूतानी! यदि मैंने उसे मन से भी वर मान लिया है तो भगवान गजानन्द मुझे उससे जरूर मिलाएंगे। मैं करवा चौथ का व्रत रखूंगी।"

चंदा ने हैरानी से कहा, "क्या आप पागल हैं। क्या कुंआरी कन्याएं चौथ का व्रत रखती हैं?"

"मैं रखूंगी। हां, इसकी चर्चा तुम कभी भी किसी से न करना।" रानो ने हिदायत दी। चंदा ने जरा चिढ़कर कहा, "अजीब है यह लड़की। हर वक्त पागलपन करती है।"

रानो सोचती-सोचती फिर सुबक पड़ी।

ठाकुर 'आकाश-महल' में शराब पी रहा था। कालू भी उसका साथ दे रहा था। आज कालू और उसके साथी गुंडे पड़ोसी गांव की एक सुन्दर लड़की को उठा लाए थे। लड़की काफी आकर्षक व सुन्दर थी। उम्र भी होगी यही सत्रह-अठारह! वह सहमी-भयभीत हिरनी की तरह बैठी थी। चुपचुप और सहमी।

तभी विनोद 'आकाश-महल' पहुंचा। दरबान द्वारा उसने कालू को बुलाया। कालू ने आते ही कहा, "आओ विनोद, आओ। आज तुम रास्ता कैसे भूल गए? 'आकाश-महल' आने की तुम्हें क्या आवश्यकता पड़ गई?"

"ठाकुर साहब के दर्शन करने आया हूं।"

"बैठो।" कालू ने विनोद को बैठक में बिठाया। वह भीतर गया। थोड़ी देर के बाद ठाकुर आया। उसकी आंखें लाल-लाल थी। ऐसा लग रहा था जैसे शराब सिमटकर आंखों में आ गई है।

"कहो विनोद, कैसे आए?"

"बस, आपके दर्शन करने।"

ठाकुर ने कालू की ओर देखकर कहा, "विनोद के लिए एक जाम तो बनाकर लाओ।"

"लाया सरकार।" वह चला गया। विनोद के समीप बैठकर ठाकुर बोला, "विनोद, तुम्हारा लोहा तो मान गए। कितना शानदार षड्यंत्र किया कि लाठी भी रह गई और सांप भी मर गया। अब तुम गांव के सरदार बन गए।"

"यह सब आपकी कृपा है।" विनोद ने जरा नम्र होकर कहा, "कालू ने मुझसे कहा था कि काम हो जाने के बाद पांच सौ रुपये और मिलेंगे।"

ठाकुर खों-खों करके हंस पड़ा। हंसते-हसंते बोला?, "तुम तो ठाकुर से ज्यादा बनिया हो गए हो। इतना सही हिसाब-किताब तो मुझे भी नहीं आता।"

कालू ने जाम विनोद के हाथ में थमा दिया। उसने एक घूंट लिया। बोला, "हिसाब-किताब तो मैंने आपको समझा दिया है।"

"कालू, यह पांच सौ रुपये मांगता है।" ठाकुर ने व्यंग्य से कहा, "जरा इस मेमने को यह समझाओ कि गांव में आजकल नई चर्चा क्या है?"

कालू ने झट से कहा, "गांव में यह चर्चा जोर-शोर से है कि यह जालिमाना हरकत विनोद की है। इस गांव में कुमार का सबसे बड़ा शत्रु विनोद ही है। उसी ने यह आग लगाई थी।"

विनोद की आकृति सफेद हो गई।

ठाकुर ने खलनायक की तरह कहा, "फिर यदि हम यह बात लोगों को कहने लगे तो?...जरा सोचो कि कुमार की चहेती भीड़ तुम्हारा खेत, घर, झोंपड़ी सब कुछ जलाकर राख नहीं कर देगी? भीड़ का गुस्सा भयानक होता है।"

विनोद को पसीना-सा आने लगा।

"इसलिए मेरी सलाह मानो तो तुम यह भूल जाओ कि तुमने कोई षड्यंत्र किया था" ठाकुर ने कुटिलता से कहा, "नहीं तो लेने के देने पड़ जाएंगे।"

और ठाकुर उसकी कुछ भी सुने बिना भीतर चला गया। विनोद के तन-मन में आग लग गई। उसे लगा कि ठाकुर ने उसे पराजय दे दी है। उसीने उसके नाम का प्रचार-प्रसार किया है। उसने जल्दी से जाम खाली किया और बाहर निकल गया। फिर उसने 'आकाश-महल' को देखा। उसके मन में ठाकुर की स्वार्थपरता के लिए घृणा जन्म आई। वह मन ही मन तिलमिला कर बोला, ठाकुर कभी न कभी इसका बदला भी लूंगा।

और वह चल पड़ा। आज वह इसलिए परेशान था कि उसे साहूकार धन्नेमल के चार सौ रुपये देने थे। ठाकुर ने हाथ झिड़का दिए तो उसके

सामने उसकी ही समस्या नंगी हो गई। अब साहूकार उसके बाप के पास जाएगा और उसका बाप उसे बहुत ही जलील करेगा। कोई बात नहीं, जो होगा, उसे देख जाएगा। वह टूटा-टूटा सा चल रहा था।

विनोद के आदमियों ने कुमार की खाट को पानी में छोड़ दिया। खाट पर बिस्तर लगा था अतः पानी आरपार नहीं बह सका। फलस्वरूप खाट तैरने लगी। वह डूबी नहीं। कुमार उसपर जलहीन मछली की तरह तड़पता रहा, कसमसाता रहा।

खाट बहती जा रही थी। वह लाख चेष्टा करने पर भी अपने को रस्सियों की जकड़न से मुक्त नहीं कर पा रहा था। अंत में उसने अपने-आपको भगवान के भरोसे छोड़ दिया।

खाट बहती-बहती काफी दूर निकल आई थी। अब ढलान आ गई थी इसलिए खाट बड़ी तीव्रता से बहने लगी। कुमार कांप गया। उसे मालूम था कि आगे की ओर नदी नीचे गिरेगी फिर खाट उलटी हो जाएगी, इसके बाद उसकी मृत्यु निश्चित है। वह मृत्यु की कल्पना-मात्र से कांप गया। यह कैसी भाग्य की विडम्बना है? यह कैसी अनहोनी है! वह भगवान को याद करने लगा।

यह कहावत है कि 'जाको राखे सांइयाँ मार सके ना कोय, बाल न बांका क सकै जो जग बैरी होय!' मारनेवाले से तारनवाले बड़ा होता है। जब कुमार मौत के बहुत करीब आ गया तो एक चमत्कार-सा हुआ! उस किनारे एक पेड़ था। उस पेड़ की शाखाएं पानी में थी। कुमार की खाट उसी पेड़ की शाखाओं में अटक गई। कुमार ने भगवान का लाख-लाख शुक्रिया अदा किया। उसने मन ही मन भगवान को नमस्कार करके कहा, "भगवान तू ही हम सब मजबूर और निर्दोष आदमियों का रखवाला है।"

खाट शाखाओं में ऐसी उलझी कि पानी का तेज प्रवाह भी उसे बहा नहीं सका। सुबह तक कुमार उसी खाट पर पड़ा रहा। एक बदमाश मछली ने उसके पांव की उंगली को जरूर काट खाया। आखिर धूप चारों ओर फैल गई। नदी के किनारे एक मछुआरा आया। उसने नदी में खाट देखी तो हैरान हो गया। वह लपका। उसने गौर से देखा तो वह आंखें फाड़-फाड़कर देखता रह गया। उसे लगा कि खाट पर अवश्य कोई मुर्दा है पर जब कुमार हिला

तो उसका भ्रम टूटा। उसने खाट को खिंचा। उसने एक हाथ से पकड़कर कुमार के मुंह पर बंधी पट्टी को हटाया। पूछा, "भाई कौन हो?"

कुमार ने हांफते हुए कहा, "भाई मैं दुखियारा हूं।...अत्याचारियों ने मुझे बांधकर नदी में बहा दिया।"

मछुआरे ने उसे खोला। कुमार बाहर आया। उसका बदन अकड़ गया। उसके पोर-पोर मैं दर्द हो रहा था। मछुआरे ने उसका नाम और पता पूछा। कुमार ने सब कुछ बता दिया। यह सही है कि गरीब पर सदा गरीब ही दया करता है। मछुआरा उसे अपने घर ले गया। वहां पहुंचते-पहुंचते कुमार को जोर का बुखार चढ़ गया। उसे मछुआरे ने सुला दिया। पूरा एक माह बीत गया। इस एक माह में कुमार को बुखार ने तोड़ दिया। हालांकि मछुआरे ने बार-बार कहा कि वह उसके घर वालों को खबर दे आए पर कुमार ने मना कर दिया। उसके इस घटना से एक और ही लाभ उठाने का सोच लिया।

लगभग डेढ़ माह में कुमार बिलकुल स्वस्थ हो गया। दो माह होते-होते उसमें पहले से भी अधिक शक्ति और स्फूर्ति आ गई। उसमें अपने शत्रुओं से बदला लेने की भावना तीव्र हो गई। उसे यह पक्का विश्वास था कि इस षड्यंत्र में ठाकुर का ही हाथ हो सकता है। जो इन्सान दूसरे की इज्जत को कुछ नहीं समझता वह अपनी इज्जत को कितना संभाल कर रखता है। उसका मन में ठाकुर के प्रति घृणा भर आई। उसने मछुआरे से आज्ञा ली। कुमार की दाढ़ी-मूंछें बढ़ गई थीं इसलिए उसे शीघ्रता से नहीं पहचाना जा सकता था। अब वह काफी खूंखार भी लग रहा था। मछुआरे और उसकी पत्नी के चरणों को छूकर उसने कहा, "आप दोनों ने मां-बाप की तरह मेरी सेवा की, मैं इसका अहसान जीवन-भर नहीं उतार पाऊंगा। कभी ईश्वर ने मौका दिया तो मैं आपके जरूर काम आऊंगा?"

मछुआरे की बीवी भर-भर आई। उसकी आंखों में से आंसू टपक पड़े। कुमार का हृदय भी भर आया। पता नहीं, इस जन्म में लोग कितने जन्मों का देना-पाना चुकाते हैं। किन-किन जत्मों के अहसानों का बदला चुकाते हैं। जीवन सचमुच विभिन्नताओं से भरा हुआ है। कुमार वहां से चल पड़ा।

दिन भर चलने के बाद वह अपने गांव के समीप पहुंचा। वह एक पेड़ के नीचे बैठ गया। अंधेरी रात का घंघोर अंधेरा घिरने लगा था। वह अपनी झोंपड़ी की तरफ चला। वह सोच रहा था कि इस षड्यंत्र में ठाकुर का ही

हाथ हो सकता है? जैसे विनोद पर भी वहम था पर विनोद के पास इतने लोग नहीं हो सकते। इतना योजनाबद्ध तरीके से वह काम नहीं कर सकता? अखिर उसका मन ठाकुर पर आकर रुक गया। उसके भीतर ठाकुर के प्रति घृणा का तूफान उठा। जो आदमी दूसरे की बहू-बेटी की इज्जत को साग-सब्जी समझता है वह अपनी इज्जत के लिए दूसरों के प्राण भी लेने में नहीं हिचकता है? कमीना कहीं का। उसकी इच्छा हो रही थी कि वह ठाकुर को कोई तगड़ा सबक सिखाए। वह इसी तरह सोचता हुआ जा रहा था कि उसे पगडंडी के करीब खाई में कुछ आवाज-सी सुनाई पड़ी। वह ठिठक गया। उसने ध्यान से सुना। उसे आवाज पहचानते जरा भी देर नहीं लगी कि वह किसकी है। वह आवाज विनोद की थी। विनोद के पास तीन साथी और बैठे थे। वे सब लोग शराब पी रहे थे। तीन बोतलें उनके बीच में पड़ी थीं, ऐसा तारों के उजाले से लग रहा था।

विनोद ने बहकते हुए स्वर में कहा, "अरे राका, तुमने सदा ठाकुर की जूतियां चाटीं पर उसके बदले में तुम्हें मिला क्या? केवल दी सूखी रोटियां और मेरे राज्य में तुम्हें दारू मिलती है, मुर्गा मिलता हैं, मछली मिलती है।... मैं कहता हूं कि यदि तुम लोग मेरा साथ दो तो मैं इस गांव में तूफान मचा सकता हूं। बस, मुझे तो उस शैतान से डर लगता था।"

"कौन-से शैतान से?" राका बोला।

"कुमार से।...सचमुच भाई उसमें बला की ताकत थी। वह तो पूरा बजरंगबली था।"

"वह तो बेचारा भगवान को प्यारा हो गया।...विनोद उस्ताद, तुमने भी क्या तीर चलाया? ठाकुर से भी रुपये ले लिए और कुमार को भी रास्ते से हटा दिया।"

कुमार को पता लग गया कि उसको मारने के षड्यंत्र में ठाकुर और विनोद का हाथ है। उसकी इच्छा हुई कि वह ठाकुर और विनोद को ककड़ी की तरह तोड़ दे पर उसने अपने पर संयम रखा। सबसे पहले वह अपनी मां और रानो से मिलेगा। राका बोला, "विनोद उस्ताद, जल्दी करो। बेचारी छोकरी तड़प रही होगी।"

"वह तड़पे चाहे हंसे पर आज मैं अपनी हवस मिटाकर ही रहूंगा। यह बालो है न, मुझे बड़े चकमें देती रही है। कुछ साली तकदीर भी सिकन्दर

है। जब-जब मैंने उसके आंचल में हाथ डाला, कोई न कोई आ टपका। आज कोई नहीं आ सकता। आज उसकी इज्जत भगवान ही आकर नहीं बचा सकता।"

"बेचारी अकेली घबरा न जाए।"

"नीम के नीचे वह नहीं घबरा सकती। यदि वह घबरा भी गई तो काम आसान हो जाएगा।"

कुमार ने सारी बात सुनकर सोचा, कि बालो की इज्जत कोई नहीं लूट सकता। यदि भगवान का कण-कण में वास नहीं होता तो शैतानों का ही यह संसार हो जाता।

कुमार आहिस्ता-अहिस्ता नीम के पेड़ के नीचे गया। वहां बालो खाट से बंधी पड़ी थी। कुमार ने बनावटी भारी आवाज में कहा, "मुझसे डरने की जरूरत नहीं है।"...ओर उसने उसे खोल दिया। बालो रो पड़ी। उसके चरण छूकर बोली, "तुम देवता हो। नहीं तो ये दरिन्दे आज मुझे नोच डालते।"

कुमार ने कहा, "सताने वाले से बचाने वाला बहुत बड़ा होता है।"

बालो भाग गई। कुमार उस खाट पर सो गया। उसने उन रस्सियों को अपने चारों ओर लपेट-सा लिया। उसका मन गुस्से में भरा हुआ था।

थोड़ी देर के बाद झूमता-लड़खड़ाता और बहकता हुआ विनोद आया। खाट के पास वह आकर बोला, "जानेमन, तुम मुझसे बेवजह ही डरती हो। अरे, हम तो तेरे दीवाने हैं। हम तेरे लिए आकाश के तारे तोड़कर ला सकते हैं। जरा हमें कहकर तो देखो।" विनोद धम् से बैठ गया। कुमार की जांघ को छूकर बोला, "अरी बालो, तुम्हारी जांघ इतनी मोटी कैसे हो गई। कोई बात नहीं, हमें मोटी जांघ अच्छी लगती है। आ...आ...मेरे गले लग जा।"

विनोद उसपर झुका। कुमार ने उसके मुँह पर एक घूंसा मारा। विनोद को सूरज दिखने लगा। सारी धरती घूमती हुई लगी। वह मद्धिमता से बोला, "मार दिया साली ने मार दिया...क्या मर्दाना हाथ मारा है।...अरे तुम्हें एकाएक क्या हो गया?" विनोद नशे में झूमता हुआ गिर-सा गया। अब कुमार उठा। लातों और घूंसों की ऐसी पूजा की, बस वह तो मिट्टी के माधो की तरह ढेर हो गया।

उसे उठाकर खाट पर डाल दिया और चलता बना।

विनोद के शेष साथी अब भी नशे में ऊटपटांग बातें कर रहे थे।

कुमार अपनी झोपड़ी की ओर बढ़ा। उसका मन संदेहों से घिर गया। कहीं इन जालिमों ने उसकी मां को मार दिया तो? इस दुष्टकल्पना मात्र से उसके तन में अंगारे चटखने लगे।

"यदि मेरी मां को कुछ हो गया तो ठाकुर को जिन्दा जमीन में गाड़ दूंगा। इस सारे गांव को आग लगा दूंगा।" वह मानसिक संघर्ष में झूमता हुआ अपनी झोंपड़ी की ओर बढ़ रहा था। वह झोंपड़ी के नजदीक पहुंच गया। उसने देखा कि उसकी मां खाट पर सोई हुई है।...कांटों की बाड़ के जलने के चिन्ह अब भी बाकी थे। उसे यह पहचानते देर नहीं लगी कि झोंपड़ी भी दुबारा बनाई हुई है। वह अपनी मां के चरणों में बैठ गया। सोचने लगा कि उसकी मां ने ये दो महीने कितने गमों में काटे हैं। वह करूणा से भर आया।

बड़े संघर्ष के बाद उसने पुकार ही लिया, "मां!"

उसने मां शब्द बहुत ही धीमे से कहा था, पर इस शब्द की प्यासी उसकी मां हड़बड़ाकर उठी। अपने बेटे को सामने देखकर वह अचंभित रह गई। बहुत ही गहराई से बोली, "कौन हो तुम?"

"मां!"

"कौन, कुमार!"

"हां, मां।"

और वे दोनों आपस में लिपट गए। कुमार और लंका की आंखों से अवरिल आंसुओं की धार बहने लगी। अपने आंसुओं को पीते हुए उसकी मां ने कहा, "मुझे विश्वास नहीं होता कि तुम अब भी जिन्दा हो। इतने दिन कहा थे बेटे?"

"मां, मैं किसी देवता के घर पर था।"

"उन अत्याचारियों ने मुझे भी जलाना चाहा पर मैं बच गई। तुम्हें सबने जलकर मरा हुआ जान लिया लेकिन तुम्हारे दोस्त श्याम को कभी भी विश्वास नहीं हुआ कि तुम मर गए हो। वह सदा विश्वास के साथ कहता था कि माई कुमार जिन्दा है। कुमार कभी मर नहीं सकता।...और आज उसकी बात सच निकली। अब कल एक नया उत्सव मनाऊंगी।"

"नहीं मां, नहीं, अब मुझे मरा हुआ ही रहने दो। मुझे अपने पर हुए अत्याचार का बदला लेना है।" कुमार ने बदले की भावना से कहा।

"नहीं बेटा, अब मैं तुझे किसी भी जंजाल में नहीं फंसने दूंगी।" मां ने उसे जोर से पकड़ लिया।

"मां, जो आदमी अन्याय और अत्याचार का सामना नहीं करता वह अधर्म को बढ़ावा देता है। मुझे कमजोर न करो। यदि तुम्हारी ममता पवित्र है, उसमें देवी शक्ति है तो कोई भी मेरा बाल बांका नहीं कर सकेगा।"

"फिर तुम रहोगे कहां?"

"इस झोंपड़ी में।"

"जैसी तुम्हारी मर्जी।" लंका ने कहा, "और श्याम को क्या कहूं।"

"उसे भी कुछ मत कहना।"

मां ने दीया जलाया। दो रोटियां बची थीं। उन्हें अपने हाथ से कुमार को खिलाया। कुमार भी अपनी मां का झुलसा हुआ चेहरा देखकर पीड़ा से कराह उठा। उसकी इच्छा इन्तकाम लेने के लिए भड़क उठी। जिस तरह उसकी मां चेहरा इन बदमाशों ने झुलसाया है, उसी तरह वह इन्हें झुलसा देगा।

वह कोर लेता गया। उसकी आंखों से आंसू की दो बुंदें टपक पड़ीं। वह थक गया था इसलिए सो गया। दूसरे दिन भी सोता रहा। सांझ होते ही वह उठा। उसने स्नान आदि किए। फिर वह अपनी मां से बोला, "मां, तुम्हारे पास कोई रस्सी है?" मां ने उसे एक बहुत ही लम्बी और मजबूत रस्सी दी। उसने एक चाकू भी लिया। फिर वह बाहर की ओर निकलने लगा।

उसकी मां लंका ने पूछा, "कहां जा रहे हो कुमार?"

कुमार ने एक लम्बा सांस लिया। उसने प्रश्नवाचक दृष्टि से मां को देखा। अनायास उसके होंठों पर एक हलकी-सी मुसकान थिरक गई। वह मुसकान काफी अर्थभरी थी। मां भी उसे टुकर-टुकर देखने लगी। वह बोला, "मां, मैं तुम्हारे सामने झूठ नहीं बोलूंगा। मैं रानो से मिलने के लिए जा रहा हूँ।"

"क्या?"

"हां मां, वह बेचारी मेरी याद में रो-रोकर बेहाल हो गई होगी। मां! तुम नहीं जानती कि रानो मुझसे कितना प्यार करती है? हम एक-दूसरे के लिए अपने प्राणों का बलिदान तक दे सकते ।"

लंका विचारों में खोई-सी खड़ी रही। आकाश की ओर देखकर बोली, "बेटा, झोंपड़ी के आदमी को महलों के सपने नहीं देखने चाहिए। आग और

पानी का मेल संभव नहीं।"

"मां! मैं जानता हूं।" कुमार ने कहा, "लेकिन यह तो संभव है कि पानी आग को बुझा सकता है। तब दोनों में से एक रह जाएगा। उसी आत्मा और परमात्मा की तरह। जब आत्मा नष्ट होती है तब वह परमात्मा में लीन हो जाती है। जब हम दोनों की आग बुझ जाएगी तब हम एक हो जाएंगे।"

लंका ने लम्बा सांस लिया। वह उदास हो गई। उसे लगा कि उसका बेटा बहुत खतरनाक खेल खेल रहा है? बोली "मेरी मानो तो रानो को भूल जाओ।"

"मां, वह संभव नहीं है।"

मां ने हताश स्वर में कहा, "जो भाग्य में लिखा है, वही होगा।"

"हां मां।"

और वह चल पड़ा।

शाम रात में घुल गई। रात ने भी चांदनी की झीनी चादर ओढ़ ली। चांद बदलियों से आंख-मिचौली खेलने लगा। कुमार अपने तेज चाकू और कमर में मजबूत रस्सी को लपेटकर चल पड़ा। इस बार वह जनाना बाग की ओर नहीं गया बल्कि वह महल के पिछवाड़े नदी मैं कूद गया। तैरना वह बहुत अच्छी तरह से जानता था। नदी के प्रवाह को काटना उसने बचपन से सीखा था। वह पानी को काटता हुआ उस पार चला गया।

यह महल का पिछला भाग था। महल में कहीं-कहीं बत्तियां जल रही थीं। रानो के महल में दीया जल रहा था। वह थोड़ी देर तक महक के हिस्से का अध्ययन करता रहा।

वह महल की दीवार के पास गया। बड़े-बड़े पेड़ दीवार से लगे खड़े थे। कुमार बड़ी सावधानी से चढ़ा और दीवार के बुर्ज पर पहुंच गया। उसने नीचे झांककर देखा–दो बैल बैठे-बैठे जुगाली कर रहे थे। कुछ दूर पर चक्की का एक पाट रखा था। उसने पेड़ की एक डाली को रस्सी से बांधा। वह नीचे उतरा। उसने रस्सी को ऐसी डाली के साथ बांधा था जो ऊपर की ओर निकली हुई थी। फिर उसने जोर का झटका दिया। रस्सी खुल गई। अब वह चोर की तरह रानो के कमरे की खिड़की के नीचे चला गया। खिड़की के नीचे कलात्मक खंभे और फूल-पत्तियां थीं। उसकी दीवार भी पत्थर की थी। उसमें ऊंचे-ऊंचे गोलाकार छोटे-छोटे गुम्बद थे।

कुमार ने उन्हें गौर से देखा। फिर उसने फंदा बनाया। उस फंदे को उसने अत्यन्त ही सावधानी से उछाला। फंदा कस गया। कुमार फिर भूलता हुआ बंदर की तरह रानो के कमरे की खिड़की तक पहुंच गया। खिड़की के आगे रेशमी पर्दा लगा हुआ था। उसने उसे जरा सा हटाया। बिलकुल अकेले कमरे में रानो बेसुध, अलमस्त नींद में खोई हुई थी। एकाएक वह सुबक पड़ी। कुमार का हृदय कराह उठा। जरूर यह कोई सपना देख रही है। सपने में भी वह उसके सीने से लिपट कर रो रही होगी।

दीया मद्धम था। अब उसकी रोशनी नाममात्र अंधेरे को दमन कर रही थी। वह इतमीनान से कमरे के अन्दर गया। रानो ने फिर सुबुककर करवट बदली।

उसका गोरा शरीर बिजली की तरह चमका। वह उसके पास बैठ गया। उसके उदास मुखड़े को प्यार से देखने लगा। उफ! कितनी खूबसूरत है यह? ऐसा लग रहा है कि सौन्दर्य की देवी एफ्रोदिती सोई हुई हो। उसके होंठ सूखे हुए थे। शायद सपने के कारण हों! पलके ऐसे बंद थीं जैसे फूल ने पंखुड़ियां समेट ली हों। उसकी सफेद पिंडलियया सफेद संगमरमर के तराशे खंभे की तरह लग रही थीं। वह इतना भावुक हो गया कि उसने आहिस्ता से उसके पांव को चूम लिया। अचानक उस की निगाह अपने कपड़ों की ओर गई। उनमें से अब भी हलका-हलका पानी चूकर जमीन पर फैल रहा था। वह रानो को देखने लगा। वह इतना विभोर हो गया कि वह उसके अधरों की ओर झुकने लगा। अचानक उसके भीगे बालों से एक बूंद टप से रानो के गाल पर जा पड़ी। रानो चौंक पड़ी।

अपनी आंखें खोलीं। अपने पास दाढ़ी-मूंछों में अपनी असलियत को छुपाए हुए बैठे कुमार को पहचान न पाई। वह भयभीत होकर चिल्लाने लगी कि कुमार ने रानो का मुहं दाब दिया। रानो बेवस-सी तड़पी। तभी कुमार ने कहा, "प्यार करने वाले कयामत की नजर रखते हैं और तुम...?"

कुमार ने रानो को छोड़ दिया। रानो को विश्वास नहीं हो रहा था कि उसके सामने उसका अपना कुमार है। जिस कुमार को उसने मरा हुआ समझ लिया था। एक बार तो उसे अपनी आंखों पर विश्वास नहीं हुआ। वह बार-बार अपनी आंखों को मल-मलकर उसे देखती थी। दाढ़ी-मूछों में कुमार

वास्तव में सरलता से नहीं पहचाना जा रहा था। रानो को जब विश्वास हो गया तो वह कुमार के सीने से लिपट गई। वह सुबकने लगी। वह कुमार के अंग-अंग को इस तरह छू रही थी जैसे वह उसको आत्मा की गहराइयों से पहचानने जा रही है। रानो भर्राए हुए स्वर में बोली, "मुझे अब विश्वास नहीं हो रहा कि मैं तुम्हारे सीने से लगी हुई हूं।

"मुझे भी विश्वास नहीं हो रहा है कि मैं तुम्हारे पास हूं। मौत के मुख से लौटकर आने में बड़ा कष्ट उठाना पड़ा है। इन अत्याचारियों ने तो मुझे मार ही डाला था।"

"नहीं-नहीं, तुम अकेले नहीं मर सकते। तुम्हें कोई नहीं मार सकता।" वह कुमार के भीगे शरीर को अपने गरम शरीर की गर्मी देती रही। एक अजीब-सा आनंद उसे आ रहा था। लग रहा था कि वह मिलन सच्ची आत्माओं का मिलन है। जब दोनों ने एक-दूसरे को बांहो में भर लिया तो उनके खून में मीठा उबाल आने लगा। दोनों भावना के सागर में डूबते गए।

अचानक मुख्य दरवाजे से पहरेदार ने अपने ऊंचे स्वर में कहा, "खबरदार! जागते रहो।"

वे दोनों चौंक पड़े। खामोश खड़े रहे। उन दोनों की निगाहें आपस में बातचीत कर रही थीं। कुमार ने उसका हाथ पकड़कर कहा, "रानो! आओ, हम चलें। हमें देर नहीं करनी चाहिए।"

"कहां चलेंगे?"

"यहां से दूर, बहुत दूर, जहां दो प्रमियों पर कोई कातिलाना हमला न करे। जहां दो धड़कते हुए दिलों की आवाज को पहचाने।

रानो पीछे हट गई। वह गम्भीर होकर बोली, "कुमार, यह सही है कि मैं तुम्हें बेपनाह प्यार करती हूं। मैं तुम्हारे लिए अपनी जान दे सकती हूं पर मैं इस महल से आवारा व नाकारा लड़कियों की तरह भाग नहीं सकती। जरा सोचो, यदि मैं तुम्हारे साथ भाग गई तो मेरा बाप जीते जी मर जाएगा। वह अपना कलंकित मुख किसी को भी नहीं दिखा सकेगा।...आखिर मैं राजपूतानी हूं। मुझे यह जरा भी शोभा नहीं देता।"

कुमार ने झुंझलाकर कहा, "अपनी कायरता को छोड़ो। प्यार जाति, धर्म और परिवार सबसे बड़ा होता है। उसकी महानता के सामने सब बौने हैं।"

"इसे मैं नहीं समझ सकती।" रानो ने कहा, "मैं यह मानती हूं कि मेरे पिताजी कभी न कभी हम दोनों की शादी के

लिए तैयार हो जाएंगे। आखिर मैं उनकी इकलौती लड़की हूं। वे मुझ पर सब कुछ बलिदान कर सकते हैं।"

कुमार एक रूखी हंसी हंस पड़ा। बोला, "वह तुम पर तो सब कुछ बलिदान कर सकते हैं पर मुझ पर तो वे थूकना भी पसंद नहीं करेंगे। यदि उन्होंने मुझसे तुम्हें छीना तो मैं अपनी जान दे दूंगा।"

"शीऽऽऽ!" रानो ने झपटकर उसके होंठो पर अपनी उंगली रख दी। भर्राए स्वर में बोली, ऐसी बात मत करो। यकीन रखो, तुम्हें पाने के लिए मैं समय-समय हर चीज की बाजी लगा दूंगी।" और रानो उससे लिपट गई। कुमार फिर आशंका से घिर गया, "पता नहीं, मुझे ऐसा क्यों लगता है कि यह सारा जीवन जुदाई के दर्दों में ही बीत जाएगा।"

"नहीं, ऐसी निराशा की बात न करो।"

वे दोनों खिड़की के पास आ गए। रानो रस्सी को देखकर मुस्करा पड़ी। जरा परिहास से बोली, "जरूर तुम पिछले जन्म में बन्दर थे।"

वह भी मुस्कराकर बोला, "यह प्यार आदमी को क्या-क्या बना देता है, यह मैं ही जानता हूं।"

रानो ने जरा चौंककर कहा, "गांठ तो मजबूत है न कुमार?"

"वो तो ऐसी बांध चुका हूं कि भगवान के खोले भी नहीं ख़ुलेगी।" कुमार ने दृढ़ता से कहा।

"मैं इस रस्सी की गांठ की बात कर रही हूं।" रानो धीमे-धीमे मुस्कराई।

"ओह! मैं तो प्यार की डोर की गांठ की बात समझता था।" कुमार ने लम्बा सांस लेकर कहा। कुछ देर तक वे यूं ही धुंधली चांदनी की रात को घूरते रहे। चांद ढल गया था। दोनों एक-दूसरे से अलग होना नहीं चाहते थे।

अचानक रानो को कुछ याद आया। बोली, "क्या यह रस्सी यहीं पर रहेगी?"

"नहीं री!" कुमार ने अकड़कर कहा, "जिस रस्सी को कुमार बांध सकता है, उसे खोल भी सकता है। देखो, फंदा कितना चौड़ा है! नीचे जाकर एक झटका दूंगा कि रस्सी मेरे हाथ में।"

"बहुत अक्लमंद लगते हो!"

"आपकी कृपा से! यह प्यार आदमी को क्या-क्या सिखा देता है! यह कोई नहीं जानता।"

कुमार ने फिर रानो की कमर में हाथ डाल दिया। तभी चांद एक बदली की ओट में चला गया। अंधेरा छा गया।

"देखो, हमारी मोहब्बत की रात में चांद भी बदलियों में छुप गया है।" कुमार ने रानो को अपने आगोश में भर लिया और जरा नीचे झुक गया।

"बड़े शैतान हो।" रानो बोली, "अपनी ये दाढ़ी-मूंछें कटवा क्यों नहीं लेते?"

"क्यों चुभती हैं।"

"चुप...मुझे शैतानी जरा भी पसंद नहीं है।"

ठंडी हवा के झोंके उन दोनों के गालों से टकराए। चांद निकल आया था। अब उसका अक्श नदी के पानी में तैर रहा था। हर तरफ खामोशी छाई हुई थी। अचानक फिर पहरेदार बोला, "जागते रहो।"

"रानो अब तुम आराम करो।" कुमार ने कहा, "मैं अब चलता हूं। कल ठीक बारह बजे आऊंगा। रानो ने एक अंगड़ाई लेकर कहा, "अब आराम कहां? अब तो ये आंखें हर पल तुम्हारा इन्तजार करेंगी। जरा-सी आहट होगी तो सोचूंगी कि कहीं वो तो नहीं आ गया? यह ठीक है कि अधिकतर प्यार की जिन्दगी थोड़ी है लेकिन जितना लुत्फ, जितना आनंद और तृप्ति इसमें हैं, उतनी किसी भी चीज में नहीं।"

"अच्छा मेरी मधुर सपने।" कहकर कुमार जिस तरह आया था, उसी तरह चला गया। लंका अब रातों को सो नहीं पाती थी। कुमार जो खेल खेल रहा था, वह बहुत खतरनाक था। लोग कुमार को पहले से ही मरा हुआ समझते हैं। यदि ऐसी स्थिति में ठाकुर ने उसे गोलियों से भूनकर नदी में फेंक दिया तो गांव वालों को जरा भी शक नहीं होगा। मरा हुआ आदमी दुबारा नहीं मर सकता।

और कुमार सबकी नजर से बचकर रहता था। वह प्रायः खेतवाली झोंपड़ी में सोता था। दिनभर वह लंका के साथ काम करता था। उसकी शक्ल और सूरत ऐसी हो गई थी कि लोग पहचानते भी नहीं थे। फिर भी लंका को हर घड़ी आशंका घेरे रहती थी। वह चिंता में घुलती जा रही थी।

इधर कुमार और रानो प्यार की दुनिया में मदमस्त थे। वे दिन-प्रतिदिन प्यार के रंगीन संसार में खोए रहने लगे। उनकी मोहब्बत पंख निकालती गई। वे एक-दूसरे को पाकर सोचते थे कि उन्हें संसार की किसी भी चीज की जरूरत नहीं है। रानो आकाश में उड़ती रहती थी। वह खुश, बेहद खुश। उसकी प्रसन्नता के पीछे कौन-सा कारण है, यह कोई नहीं जान सका। यहां तक कि चंदा भी। क्योंकि कुमार रात को बारह बजे आता था और तीन बजे चला जात था।

रानो ने कई बार चाहा कि वह ठाकुर से बातचीत करे कि वह कुमार से शादी करना चाहती है लेकिन उसका साहस नहीं होता था। वह अपने पिता के पास कई बार शादी की बात करने के लिए गई थी पर कुछ और बात करके आ जाती। कुमार बार-बार रानो को पूछता था और रानो बार-बार यही जवाब देती थी, "मेरी हिम्मत नहीं होती। पिताजी को देखते ही मैं एक भय से घिर जाती हूं।"

"ओह!"

"तुम्हें घबराना नहीं चाहिए। क्या तुम्हें मेरे प्यार पर भरोसा नहीं।"

"बहुत भरोसा है। मुझे तुम पर अपने से भी ज्यादा भरोसा है।"

"फिर समय पर हम जरूर एक होंगे।"

और एक दिन तो कुमार ने कमाल ही कर दिया। उस दिन चांदनी रात थी। हवा में ठंडक थी। आकाश ऐसा लग रहा था जैसे किसी ने उसे धो-पोंछ दिया हो।

"आओ, मैं तुम्हें गांव की सैर करा दूं।"

"मुझे और गांव की सैर, जानते नहीं, हमें महल के बाहर जाने की मनाही है।" रानो ने कहा, "इसे पिताजी अच्छा नहीं समझते।"

"अरे तुम आओ न?"

"पर चलेंगे कैसे?"

"जैसे मैं आया हूं, वैसे!"

"ना बाबा, ना।" रानों ने अस्वीकार करते हुए कहा, "मुझे जान-बूझकर मृत्यु को नहीं अपनाना है।"

"कायर कहीं की।"

रानो ने कोई जवाब नहीं दिया। वह कुछ देर तक कुमार के हाथ को सहलाती हुई बैठी रही। थोड़ी देर बाद बोली, "यदि तुम एक बड़ी चट्टान को हटा सकते हो तो हम जा सकते हैं।"

कुमार हंसा और बोला, "पगली! यदि तुम आज्ञा दो तो मैं चट्टान क्या, पहाड़ हटा सकता हूं।"

"फिर आओ। इस महल में एक गुप्त रास्ता है। उस रास्ते से चलें।"

फिर वे दोनों सीढ़ियां उतरे। जहां सीढ़ियां खत्म होती थीं वहां एक छोटी-सी चौकी थी। उस चौकी के पास एक चट्टान थी। कुमार ने उस चट्टान को देखा। उसमें अपार जोश भर आया। बला की ताकत आ गई। उसने रानो का हाथ अपने हाथ में लेकर चूमा। फिर उसने चट्टान को हटाना शुरू कर दिया। उसे लगा कि उसकी एक-एक नस खिंच गई है। उसके शरीर में तनाव ही तनाव पैदा हो गए हैं। उसने बड़ी कठिनता से चट्टान को हटाया। फिर रानो का हाथ पकड़कर वह गुप्त रास्ते से निकल गया।

गुप्त रास्ता नदी के एक बहुत ही कम चौड़े पाट के नीचे से निकलकर गांव के उस पार जाता था। वहां कोई मंदिर था। पुराने खंडहर के समान मंदिर। वे दोनों वहां निकले।

पहली बार रानो ने खुली हवा में सांस ली। वे नदी के किनारे छोटे-छोटे बच्चों की तरह भागते और ठिठोली करते रहे। वह रानो को कभी बगल में हाथ डालकर भींचता तो कभी उसे गोद में उठाकर हरी-हरी दूब में सुला देता। रानो ने इतने आनंद का अनुभव सपने में नहीं किया था।

वह तो पागल-सी हो गई। बार-बार बुदबुदाती, "कुमार मैंने इतनी स्वतंत्र जिन्दगी नहीं जी। आदमी इतनी आजादी से भी दौड़-भाग सकता है, यह मैंने सोचा भी नहीं था।"

"जब हम दोनों की शादी हो जाएगी तो?

"तो?" रानो ने बड़े ही अपनेपन से पूछा।

"तब हम रात-रात भर जंगल में दौड़ा करेंगे।"

"सच।"

"हां।"

"अब लौट चलें।"

वे दोनों लौट आए। कुमार ने चट्टान को पहले की तरह लगा दिया। इसका कारण था कि उस गुप्त रास्ते को ड्योढ़ीदार सदा संभालने आता था।

पर उस रात रानो की खुशी का कोई पार नहीं रहा। वह रात-भर करवटें बदलती रही। उसे पहली बार मालूम हुआ कि यह मुक्त प्रकृति कितनी खूबसूरत है। महल में बन्द उसका जीवन एक कैदी से ज्यादा सुन्दर नहीं था। उसे मील की चारदीवारी यकायक कैदखाने की दीवारें लगने लगी।

उसे कुमार से शादी कर लेनी चाहिए। उसे ठाकुर साहब से बातचीत कर लेनी चाहिए। कुमार के साथ तो वह ऐसी दुनिया बसा सकती है जहां प्यार ही प्यार होगा।

उसने सूर्य की ताजा धूप के साथ निर्णय लिया कि वह अपने पिता से आज साफ-साफ बात करेगी। वह नहा-धोकर अपने पिता ठाकुर महेन्द्रसिंह के पास पहुंची। ठाकुर बैठा-बैठा हुक्का गुड़गुड़ा रहा था। हुक्का चांदी की बना हुआ था।

"पिता जी, मेरा मुजरा कबूल हो।"

"कबूल करता हूं बेटी। क्या बात, आज सुबह-सुबह अपने बाप को कैसे याद किया?"

रानो अपने बाप के पास बैठ गई वह बैठक में लगी अपने दादा-परदादा की तस्वीरों पर नजर जमाकर बोली, "आज मैं अपने पिता से मिलने के लिए आई हूं। ठाकुर महेन्द्रसिंह से नहीं।

"कोई खास बात है?"

"बहुत ही खास बात है।"

"कहो।"

रानो ने ठाकुर की ओर देखा। फिर वह मुस्कराकर बोली, आपको बड़ी शांति और संयम से मेरी बात पर सोचना है।"

"तुम बावली हो। यह जानते हुए कि मैं तुम्हें अपने प्राणों से भी ज्यादा प्यार करता हूं। तुम निर्भय होकर अपनी बात कहो।"

रानो ने फिर भी सीधी बात नहीं की। वह बोली, "आप मेरी खुशी चाहते हैं?"

"चाहता हूं।"

"आपने एक बार कहा था कि मैं तुम्हारी खुशी के लिए अपनी जान तक दे सकता हूं।"

"मैं अपनी बात पर अभी भी कायम हूं।"

रानो ने सिर झुकाकर कहा, "तो पिताजी, आप मेरी शादी जिससे मैं चाहती हूं, कर दीजिए।"

ठाकुर सहसा गंभीर हो गया। उसके ललाट में बल पड़ गया। वह तीखी निगाह से रानो को देखता हुआ बोला, "मैं तुम्हारी शादी तुम्हारे मनपसंद से कर दूंगा।"

"फिर...फिर...?"

"अरे हिचकती क्यों हो? बोलो न?"

"मैं कुमार से शादी करना चाहती हूं।" रानो ने रुकते-रुकते कहा। अपने वाक्य की समाप्ति पर उसके ललाट पर पसीना आ गया। उसे लगा कि उसका शरीर नहा-सा गया हैं।

ठाकुर तमक्कर बोला, "जानती हो, कुमार मर चुका है। क्या तुमको यह मालूम नहीं?"

"नहीं, मुझे यह विश्वास ही नहीं होता कि वह मर गया है। मैंने कल भी उसे सपने में देखा था। वह कह रहा था कि, मैं जिन्दा हूं।"

"वह मर चुका है।"

"नहीं, वह जिंदा है।"

"वह मर चुका है।"

"नहीं-नहीं, वह जिंदा है।"

"यह झूठ है। लोगों ने उसे जलते हुए देखा है। विनोद गवाह है।"

"वह जिंदा है। मैंने उसे देखा है।"

"क्या?"

"हां पिताजी, मैंने उसे देखा है। वह जिंदा है। मैं उससे प्यार करती हूं। मैं अपने जीवन की आखिरी सांस तक उसे प्यार करती रहूंगी।"

ठाकुर खड़ा हो गया। उसकी आकृति काफी गंभीर थी। वह आहिस्ता-आहिस्ता चहलकदमी करने लगा। बोला, "तुम्हारा बाप तुम्हारी हर इच्छा के लिए कुछ भी कर सकता है। लेकिन बेटी तुम्हारा बाप ठाकुर महेन्द्रसिंह है। वो अपनी इज्जत नहीं दे सकता। वो अपनी पगड़ी उछलते नहीं देख सकता। अच्छा तो यही होगा कि उस बदनसीब कुमार को भूल जाओ। कहीं वो ठाकुर की इज्जत से टकराते-टकराते अपना सर्वनाश न करा ले?"

"नहीं पिताजी, नहीं।" रानो ने कहा, "जिस दिन उसका सर्वनाश होगा, उस दिन आपकी बेटी का भी सर्वनाश हो जाएगा।" रानो की आंखें भर आईं। उसका हृदय तड़प उठा। उदासी की परछाइयां उसे घेरने लगी। वह अपने पिता की ओर देखकर बोली, "मैं भी आपकी बेटी हूं। मुझमें भी आपका ही रक्त बह रहा है। मैं भी अपने वचन पर मर-मिट सकती हूं।"

"यदि तुम कुमार को सही सलामत और सुखी देखना चाहती हो तो अपना इरादा बदल दो।...रानो! प्यार त्याग चाहता है। हर प्यार त्याग में ही फलता-फूलता है।"

"मैं कुछ त्याग कर सकती हूं।"

"फिर इस सत्य को समझ लो कि कुमार का हित इसीमें है कि तुम उसे भूल जाओ।"

रानो ने कोई जवाब नहीं दिया।

ठाकुर ने जाते-जाते कहा, "जब मेरे घर की मान-मर्यादा पर आंच आने लगती है तो मैं खून की नदियां भी बहा सकता हूं।"

रानो लौट आई। उसे लगा कि उसने एक गलती कर दी है। उसे यह नहीं बताना चाहिए था कि कुमार जिंदा है। अब कुमार की जिंदगी को खतरा ही खतरा है। ये सब लोग पत्थर के हैं। इनमें ना तो धड़कता हुआ दिल है और न दया-भरा मस्तिष्क! ये केवल आन-बान-शान से लिपटे हुए इन्सान हैं। ओह! उसने बड़ी गलती कर दी।

रानो अपने पलंग पर पड़कर सुबक पड़ी। उसकी आंखें सावन-भादो हो गईं। चंदा आ गई थी। उसने रानो को इस तरह सुबकते हुए देखकर हैरानी से पूछा, "क्या बात है बाई जी? आप इस तरह क्यों रो रही हैं?"

रानो ने अपने आंसू पोंछे। उसने एक गिलास पानी पीकर कहा, "मैंने तुमसे भी एक बात छुपाई है।"

"कौन-सी?"

"कुमार जिंदा है।"

"क्या?" चंदा की आंखें फट गई। उसे एक पल रानो की बात पर विश्वास नहीं हुआ। वह धीरे-से बोली, "क्या यह सच है?"

"हां, सच है।"

"बाई जी! आज मैं बहुत ही खुश हूं। मुझे लगता है कि ईश्वर के घर में देर हे, अंधेर नहीं। आपने उसे कहां देखा?"

"मैं उससे मिली थी।"

"फिर तो आपको खुशी मनानी चाहिए।"

"मैं खुश तो हूं। पर आज मैंने ठाकुर साहब को भी इस रहस्य से परिचित करा दिया।" रानो ने ठाकुर से हुई सारी बातचीत चंदा को बता दी। चंदा ने आह छोड़कर कहा, "उफ! आपने बड़ी गलती की।"

"अब क्या होगा?"

"होगा तो वही जो ईश्वर को मंजूर होगा।" चंदा चली गई।

रानो बेचैन होकर रात की प्रतीक्षा करने लगी। उसे आज कुछ भी अच्छा नहीं लग रहा था। ठाकुर 'आकाश-महल' मैं बेचैन-सा टहल रहा था। 'आकाश-महल' का आंगन काफी बड़ा था। कालू गुमशुम बैठा था। अजीब सी खामोसी छाई हुई थी। एक घुटन-सी लग रही थी।

कालू ने ही उस खामोशी को तोड़ा, "मुझे अब भी विश्वास नहीं हो रहा है कि कुमार जिंदा है। अपने आदमी उसे नदी में बहाकर आए थे।"

ठाकुर झल्ला पड़ा, "तो क्या रानो ने उसका भूत देखा है?"

"शायद भूत ही देखा हो।"

ठाकुर गुस्से में तड़पकर बोला, "कालू! यदि तुझमें जरा-सी भी बुद्धि होती तो तू बड़े काम का आदमी होता। पर तू ठहरा अक्ल का दुश्मन! रानो झूठ नहीं बोलती। ...विनोद कहां है?"

"आ रहा है मालिक।"

थोड़ी देर में विनोद आ गया। उसने आते ही ठाकुर को सिर नवाया। ठाकुर ने गुस्से में कहा, "क्यों बे विनोद के बच्चे, कुमार मर गया न?"

"इसमें भी आपको संदेह है?"

"संदेह नहीं था पर अब है।" ठाकुर ने लड़ाकू मुद्रा में कहा, "वह जिंदा है।"

"क्या'?'

"हां, वह जिंदा है।"

"यह नहीं हो सकता।" विनोद ने दृढ़ स्वर में कहा, "उसकी तो लाश भी जल-जीव खा चुके होंगे। ठाकुर साहब!

विनोद का कोई काम कच्चा नहीं होता। अलबत्ता आप आधी रकम देने से जरूर मुकर गए। ठाकुर को महसूस हुआ कि विनोद ने उसके गाल पर

तमाचा जड़ दिया है। वह अपमानजनित रोष में भर गया। बोला, "तुम्हारा काम भी तो अधूरा ही है। मुझे पहले ही संदेह था कि तुम पूरा काम न करके हमें झांसा दोगे।"

"मैंने कोई झांसा नहीं दिया। कुमार मर चुका है। यदि आपने उसे देखा है तो प्रेत के रूप में ही देखा है। मरा हुआ इन्सान कभी भी जिंदा नहीं होता, समझे ठाकुर साहब!"

"वह तो जिंदा हो गया और उसकी गंदी हरकतें फिर चालू हो गई हैं।"

"क्या?"

"तुम उसका अभी जाकर पता लगाओ।" ठाकुर ने आज्ञाभरे स्वर में कहा, "एक बात का ख्याल रखना कि वह फिर कहीं गायब न हो जाए?"

"विनोद इस बार मात नहीं खाएगा।" विनोद ने कहा, "यदि वह जिंदा है तो अब उससे भी भयानक मौत पाएगा।"

कालू ने शराब का जाम भरकर जाम भरकर विनोद को दिया। विनोद ने एक ही सांस में उसे खाली कर दिया। फिर

यह सीधा बाहर निकला।

थोड़ी देर बाद वह छलिया के पास था। छलिया को उसने बताया कि कुमार जिंदा है तो उसने भी उसपर विश्वास नहीं किया। उसके बाद वह कुमार के खास दोस्त श्याम के पास गया।

श्याम शराब में अलमस्त था। विनोद ने उसके कंधे को पकड़ा। श्याम ने उसे प्रश्नवाचक दृष्टि से देखा। पूछा, क्या बात है?"

"तुम्हें एक खुशखबरी सुनाने आया हूं?"

"कौन-सी?"

"तुम्हारा दोस्त जिंदा है।" विनोद ने उसे झकझोरते हुए कहा, "तुम कहते थे न कि मैंने उसे मार डाला है? अब तो मानो कि वह फिर से पहले की तरह गायब हो गया था। अब तो मुझे यह भी शक है कि उसने अपनी झोपड़ी जलाई थी ताकि लोग उसे मरा हुआ समझकर भ्रम में भटकते रहें।"

"तुम बोलते ही जाओगे या चुप रहोगे।"

"क्यों?"

"कुमार जिंदा है इसका प्रमाण?"

"आओ, हम उसे ढूंढें। वह यहीं पर है। स्वयं ठाकुर साहब ने उसे देखा है।"

"क्या ?"

"हां!"

देखते-देखते यह खबर जंगल की आग की तरह सारे गांव में फैल गई। नौजवानों की भीड़ में एक उत्साह भर गया। अपने प्रिय दोस्त को जिंदा जानकर वे नाचने लगे। थोड़ी देर में वे लंका की झोंपड़ी के पास थे। कुमार गहरी नींद में सोया पड़ा था। लंका ने बाहर शोरगुल सुना तो वह चौंक पड़ी। लपककर वह कुमार के पास गई। कुमार गहरी नींद में मुस्करा रहा था। लंका ने कहा, "कुमार, उठ-उठ...गांव के सारे नौजवान आए हैं।"

कुमार हड़बड़ाकर उठा। वह कुछ करता, इसके पहले ही तूफान की तरह विनोद और श्याम कुमार झोंपड़ी में घुस गए। एक पल तो वह कुमार को नहीं पहचान सके, फिर श्याम कुमार से लिपटकर रोने-सा लगा। वह इतना भाव-विह्वल हो गया कि कुछ देर तक उससे बोला तक नहीं गया। फिर वह बोला, "तुम भी कितने विचित्र खेल खेलते हो?"

कुमार ने कोई जवाब नहीं दिया। उसने केवल विनोद को तीखी निगाह से देखा। यह पूरी तरह समझ गया था कि यह सब इस दुष्ट के चक्कर हैं।

विनोद झट से बोला, "तुम तो गायब हो गए और मुझे बदनामी के कीचड़ में फंसा गए। मैं नहीं जानता था कि तुम इतने चालाक हो।"

कुमार का धैर्य जाता रहा। वह सोचने लगा कि यह विनोद कितना नाटकीय है? उसे सदा-सदा के लिए अपने रास्ते से हटाने का काम इसी का है और अब कैसा सत्यवादी हरिश्चन्द्र बनकर आया है। उसकी आंखों में नफरत उतर आई।

श्याम ने कहा, "क्या सोचने लगे?"

कुमार ने झट से कहा, "सोच रहा हूं कि यहां के चंद आदमी कितने बहुरूपिए हो गए है? वे एक-एक पल अपना रंग-रूप बदलते रहते हैं। विनोद! अधिक बनने की कोशिश बेकार है! मैंने अपनी झोंपड़ी इसलिए जलाई कि मेरी मां का चेहरा झुलस जाए। अपने-आपको खाट पर मैंने खुद बांधा, मुझे नदी में मैंने खुद बहाया...? बोलो, चुप क्यों हो? यह किस दुष्ट का षड्यंत्र हो सकता है?"

वे तीनों बाहर हो गए। वैसे कुमार की बातें सभी नौजवानों ने सुन ली थी। वे काफी उत्तेजित लग रहे थे। उनके खुशी-भरे चेहरे गुस्से से तमतमाने लगे। वे विनोद को भूखी निगाहों से देखने लगे।

श्याम ने कहा, "तुम्हें खाट से बांधकर नदी में बहाया गया था?"

"हां।"

"यह किसकी बदमाशी हो सकती है?"

कुमार ने नम्र स्वर में कहा, "यह मैं नहीं कह सकता। पर मैं आप सबको यह बताना चाहता हूं कि लगभग आठ-दस आदमियों ने साफों में अपने मुंह छुपाकर मुझ पर हमला किया। मुझे खाट समेत बांधकर वे उठाकर ले गए और नदी में बहा दिया। यह साफ-साफ कमीनी हरकत है। यह तो ईश्वर की कृपा थी कि मैं बच गया वरना आज तो मेरी किसी चीज का कोई अस्तित्व ही नहीं मिलता।"

एक नौजवान कठोर स्वर में बोला, "यह किस कमीने की हरकत हो सकती है?"

विनोद ने इस बार फिर फुलझड़ी छोड़ी, "यह उन्हीं की हरकत हो सकती है जिनकी बहू-बेटियों पर कोई बुरी नजर रखता हो। आखिर कोई भी भला इन्सान अपनी बहू-बेटियों की इज्जत पर आंच नहीं आने देगा।"

"यह क्या रहस्य है?"

कुमार ने झट से कहा, "यह विनोद हर दूसरे को अपनी ही नजर और तराजू से तोलता है। विनोद! अपने गिरेबान में जरा झांककर देखो। उस रात की पिटाई...और बोलो...।"

विनोद के पांवों के नीचे की जमीन खिसक गई। उसे लगा कि कुमार ने नहले पर दहला मार दिया है। इसलिए वह बात को बदलकर बोला, "मेरा कहने का मतलब यह नहीं है कि तुमने किसी लड़की को छेड़ा हो पर मैं ऐसा सोचता हूं कि यह सब बिना कारण के नहीं हो सकता।"

कुमार विनोद की ओर बढ़ा और बोला, "विनोद भाई, ये सब कई कारणों से हो सकता है। मेरे आने के बाद गांव का नौजवान संगठित हुआ, उसमें नई जागृति आई, यह भी तो हो सकता है।"

विनोद गंभीर होकर बोला, "हां-हां, यही हो सकता है। तब तो लगता है कि इसमें ठाकुर का हाथ है।"

"यह मैं नहीं कह सकता। जब मुझे इसका प्रमाण मिल जाएगा, तब मैं उसकी खबर लूंगा।"

लेकिन गांव के नौजवान बड़े खुश थे।

"वह जिंदा है।"

"मान गए न हमें?" ठाकुर ने अपनी बलदार मूंछों पर ताव देकर कहा, "इसे कहते हैं उड़ती हुई चिड़िया को पहचानना।"

विनोद गंभीर था। उसने कुछ सोचकर कहा, "कुमार को यह भी शक है कि उसकी हत्या का षड्यंत्र आपने किया है।"

"मैं उसकी चिंता नहीं करता।" ठाकुर ने जार लापरवाही से कहा। विनोद ने कोई जवाब नहीं दिया। वह सोचता रहा। गांजे का चिलम पीता रहा। बोला, "ठाकुर साहब, आप उसे कुछ भी नहीं करेंगे। पहले मुझे उसकी एक-एक हरकत की जांच करने दीजिए। मुझे पूरा विश्वास है कि वो कुछ अनोखा ही कर रहा है। इस बार उसमें और मुझमें फैसला हो ही जाएगा।"

ठाकुर ने कहा, "मेरी भी यही इच्छा है कि इस बार तुममें और उसमें फैसला हो ही जाना चाहिए वरना यह काम मैं करूंगा। मैं उसे गोलियों से भुनवाकर जमीन में गाड़ दूंगा। नदी ने उसे वापस प्राणदान दे दिया पर यह जमीन उसपर ऐसी कृपा नहीं करेगी।"

विनोद ने भी चिलम का लम्बा कश लिया और चलता बना।

ठाकुर वहां से सीधा रानो के पास आया। रानो बैठी-बैठी कोई पुस्तक पढ़ रही थी। चंदा उसकी साड़ियों को तह कर रही थी। चंदा ने असमय ठाकुर को आते हुए देखा तो चौंक पड़ी। वह लपककर भीतर आई। उसने रानो से कहा, "बाई जी! ठाकुर साहब आ रहे हैं।"

"क्या?" रानो ने किस्सा तोता-मैना को अपने पलंग पर बिछे बिस्तर के नीचे छुपाया और वह आंखें मूंदकर लैट गई। ठाकुर ने उसके कमरे में प्रवेश किया और पुकारा, "रानो!"

रानो हड़बड़ाकर उठी। उसने बड़ी नाटकीयता से जम्हाई के साथ अंगड़ाई ली। एक पल ठाकुर अपनी बेटी के अनुपम रूप को देखकर मुग्ध-सा हो गया। उसका मन उदास हो गया। सोचने लगा कि इतना अनुपम रूप-यौवन कितने गलत रास्ते पर चला गया। यह प्यार का चक्कर कैसे चला? यह कैसे घर की मान-मर्यादा को भूल गई। यह क्यों भटक गई? वह खामोश खड़ा रहा।

रानो ने ही उस घुटते हुए मौन को तोड़ा, "क्या बात है पिता जी? आज बेवक्त कैसे पधारे?"

ठाकुर एक काले रंग की कलात्मक हत्थोंवाली मखमली गद्दों से युक्त कुर्सी पर बैठ गया। उसके मुंह से आह निकली। वही एक चुप-सी आह! उस आह में पीड़ा का समन्दर था। उसने रानो की ओर देखा। बोला, "मैं तुम्हें खास बात कहने आया हूं।"

"फरमाइए।"

ठाकुर ने चंदा की ओर देखकर कहा, "चंदा, तुम जरा नीचे चली जाओ।"

"जो हुक्म।" चंदा सिर झुकाकर चली गई। क्षण-भर के लिए सन्नाटा पसर गया। जब चंदा के कदमों की आहट विलीन हो गई तब ठाकुर ने कहा, "कुमार जिंदा है।"

रानो ने ठाकुर की ओर देखा। उसने कोई जवाब नहीं दिया। हां, उसके चेहरे पर उदासी छा गई। ठाकुर ने फिर कहा,

"हां कुमार जिंदा है। लेकिन वह अब अधिक दिन तक जिंदा नहीं रहेगा।"

रानों ने चौंककर पूछा, "मैं आपका मतलब नहीं समझी।"

ठाकुर ने कठोर स्वर में कहा, "मेरा मतलब साफ है कि वह अब अधिक दिन तक जिंदा नहीं रहेगा। उसके दिन पूरे हो गए हैं।"

"मैं समझती हूं कि मारनेवाले से बचानेवाला बड़ा होता है।"

"यह सही है, पर हमारे धर्मग्रंथों में एक अकाल ध्त्यु का भी जिक्र आता है। उसे सरल शब्दों में बेमौत मरना कहते हैं। अब तो कुमार की जिन्दगी तुम्हारे हाथों में है।"

रानो के चेहरे की उदासी बढ़ गई। वह तड़पकर बोली, "वह कैसे?"

"यदि तुम उसका ख्याल अपने दिल से निकालकर मैं जहां चाहूं, वहां शादी कर लो तो?"

"वह नहीं हो सकता। रानो कुमार को धोखा नहीं दे सकती।"

"फिर मैं तुम्हें उसकी लाश की ही सौगात दूंगा। मैं अपनी पगड़ी पर कीचड़ का जरा-सा भी दाग पसंद नहीं करता।"

ठाकुर का चेहरा जल्लाद का-सा क्रूर लगने लगा, "यदि तुम चाहती हो कि कुमार जिंदा रहे तो तुम्हें मेरी बात माननी ही पड़ेगी। बेटी, तुम मेरी जान ले लो, पर मेरी इज्जत को आंच न आने दो।"

रानो ने कहा, "यह हम पर अत्याचार है।"

ठाकुर क्रोध में उबल पड़ा। चिल्लाकर बोला, "तुम बदतमीज लड़की अपने बाप के सारे अहसानों को भूल गई हो। जरा अपने सीने पर हाथ रखकर सोचो कि तुम्हारे बाप ने तुम्हें कितने लाड़-प्यार से पाला है? वह तुम्हारे लिए कितनी रातें जागा है? अपने बाप की वर्षों की ममता को भुलाकर तुम उस दो कौड़ी के छोकरे के लिए इतनी बेताब हो गई। तुम कितनी अहसान फरामोश हो, कितनी स्वार्थी हो, कितनी छोटी हो?"

रानो ने कोई जवाब नहीं दिया। वह रो पड़ी। ठाकुर ने बाहर जाते हुए कहा, "अब तुम्हें फैसला करना है कि वह जिंदा रहे या नहीं? संसार जानता है कि प्यार करनेवाले कितना त्याग करते हैं। अब तुम्हें भी परीक्षा देनी है।" ठाकुर चला गया। रानो बस रोती रही।

रात हो गई।

कुमार का मन रानो के लिए बिकल हो गया। रानो का प्यार और सौन्दर्य उसे मजबूर करने लगे कि वह जल्दी से जल्दी रानो के पास जाए। आज उसे सब जगह एक विचित्र कसमकस नजर आ रही थी। आकाश में तैरते बादल के टुकड़े उसे अपना पीछा करते हुए लगे।

उसे रानो की बात याद आई, "मैं तुम्हारा दीया जलने के साथ इन्तजार करूंगी।" यह वाक्य उसके चारों ओर रानो के स्वर में गुंजित होने लगा। वह बाहर निकला। लंका ने पूछा, कहां जा रहे हो?"

कुमार ने कहा, "माई, जानकर अनजान न बन! मैं रानो से मिलने जा रहा हूं।"

"मैं तुम्हें वहां नहीं जाने दूंगी।" लंका ने उसके आगे खड़ा होकर कहा, "धरती-आकाश का मिलन नहीं हो सकता।"

कुमार ने दृढ़ता से कहा, "धरती-आकाश सदा मिलते हैं और मिलते रहेंगे।"

"वह तुम्हारा भ्रम है।"

"नहीं मां!...यह सच्चाई है। धरती और आकाश क्षितिज पर सदा मिलते हैं।"

और वह लंका माई के रोकने पर भी चला गया। आज विनोद ने ठाकुर की सहायता से अपने आदमी चारों ओर फैला रखे थे। कुमार की झोंपड़ी से लेकर रानो के महल तक!

जैसे ही कुमार घर से निकला वैसे ही विनोद के आदमी सतर्क हो गए। सदा की तरह वह रस्सी के सहारे रानो के पास पहुंचा। रानो उससे लिपटकर रो पड़ी। कुमार उसके रोने से व्याकुल हो गया। वह उसे पुचकारते हुए बोला, "क्या बात है?

रानो, तुम इस तरह जार-जार क्यों रो रही हो?"

रानो ने सुबकते हुए कहा, "कुमार, तुम यहां पर मत आया करो।"

"लेकिन क्यों?"

"क्योंकि ठाकुर साहब को तुम्हारे जिंदा होने का पता चल गया है। वे तुम्हें अब जिंदा नहीं छोड़ेंगे। उन्होंने मुझे भी कह दिया है कि यदि तुम कुमार को जीवित देखना चाहती हो तो मेरी इच्छा के अनुसार शादी होगी।"

"फिर तुमने क्या कहा?"

मैंने कहा कि मैं शादी कुमार से ही करूंगी।...इस पर वे बिगड़ पड़े। उन्होंने साफ-साफ कहा कि वे अपने आन-शान के बदले अपनी जान देना ज्यादा पसंद करेंगे।...कुमार! मैं तुम्हें मरा हुआ नहीं देख सकती। मैं सब कुछ सह सकती हूं तुम्हारी मौत नहीं।"

"यदि तुम मुझे नहीं मिलीं तो मैं जीते जी मर जाऊंगा। मुझे तुम्हारे बिना जिंदा रहना भी निरर्थक लगता है।...रानो...रानो! मौत से न डरो।...हम दोनों एक साथ मौत को अपना लेंगे। इस दुनिया को बता देंगे कि प्यार करनेवाले शान से जीते हैं और शान से मौत को अपना लेते हैं।"

रानो को कुमार की बात में काफी दम लगा पर वह नहीं चाहती थी कि कुमार उसके लिए मौत को अपनाए। यह कैसा विकट संकट था। रानो से न मरते बनता था और न जीते!

"आओ रानो, हम भाग चलें।" कुमार ने उसका हाथ पकड़कर कहा, "हम कहीं ऐसी जगह चले जाएंगे जहां प्यार के

दुश्मन न हों।"

"तुम ठीक कहते हो"? रानो ने उसकी बात का समर्थन किया, "यहां के लोग न हमें मरने देंगे और न जीने देंगे। वे लोग तो हमें घुटा-घुटाकर मार डालेंगे।"

"फिर आओ।"

रानो ने उसे देखा। फिर उससे लिपटकर वह फूट-फूटकर राने लगी। उसे अपनी दशा पर रोना आ रहा था। वह सुबकते-सुबकते सोच रही थी कि यह कैसी दुनिया है। यहां क्यों धर्म, जाति, सम्प्रदाय जीते हैं। क्यों नहीं आदमी जीता है? क्यों नहीं ये लोग झूठी आन-बान की जगह प्रेम की महान सच्चाई को पहचानते?

तूफान की तरह झपटते हुए ठाकुर ने प्रवेश किया। उसके साथ कई लोग थे। रानो और कुमार चौंक पड़े। देखा तो उन्होंने अपने आपको बन्दूकधारी सैनिकों से घिर हुआ पाया। ठाकुर ने आह-भरे स्वर में कहा, "यदि तुमने भागने की चेष्टा की तो मैं रानो को गोली मार दूंगा।"

रानो चिल्लाई, भाग जाओ कुमार, भाग जाओ, तुम मेरी चिन्ता न करो। भगवान के लिए इन जालिमों के शिकंजे से निकल कर भाग जाओ।"

कुमार ने कुछ करना चाहा कि ठाकुर ने उसे फिर हिदायत दी, "मैं रानो को गोली मार दूंगा।"

कुमार के हाथ-पांव ढीले पड़ गए। ठाकुर उसके पास गया। उसने एक जोर को चांटा मारकर कहा, "कमीने! मैं तुझे वो सबक सिखाऊंगा कि केवल तू ही नहीं, सारा गांव बदमाशी करना बंद कर देगा।...अरे! इस रस्सी को देख रहा है! वह रस्सी तो वही है, जिसे तू लाया था।"

थोड़ी देर में कुमार के हाथों में हथकड़ियां और पांवों में बेड़िया थी। ठाकुर ने कालू से कहा, "कालू! रानो पर कड़ी निगाह रखो। इसके कमरे के जितने भी दरवाजे हैं, उनके ताले लगा दो ताकि यह आत्महत्या की कोशिश न करे।"

"आप चिंता न करें ठाकुर साहब!"

ठाकुर कुमार को चांटे मारता हुआ उस जगह पर लाया जहां बैल तेल का कोल्हू चलाता था। ठाकुर ने कुमार के गाल पर चांटा मारकर कहा, "मैं तुझे तड़पाकर मारूंगा।...बंका इस बैल की जगह कुमार को तेल निकालने के लिए लगा दो।"

बंका ने बैल को हटा दिया। उसकी जगह कुमार की हथकड़ियां खोलकर उसके कन्धे पर जुए को रखा। बैल के पट्टे से कुमार को बांध दिया। उसकी आंखों पर पट्टी बांध दी। अब ठाकुर के कठोर और निर्भय

आदमी कुमार को कोड़े मार-मारकर कोल्हू के बैल की तरह चलाने लगे। कुछ देर तक तो कुमार को कुछ भी महसूस नहीं हुआ। वह भी अत्यन्त ही जीवट के साथ तेल निकालता रहा। बाद में वह थक गया। उसे प्यास सताने लगी। उसने पानी मांगा। बहुत देर के बाद बंका उसके नजदीक आया कुमार का शरीर पसीने से लथपथ था। उसके कपड़े कोड़े खाते-खाते फट गए थे। कही-कहीं खून भी रिसने लगा था। बंका ने समीप आकर पूछा, "पानी पीओगे?"

"हां हां..।"

"लो, पानी पीओ।"

कुमार ने दोनों हाथों को मिलाकर ओक बनाई। वह बुझे हुए स्वर में बोला, "पानी...पानी...मेरा गला सूख रहा है...मेरी जान जा रही है...भाई, मुझे पानी दो।"

"लो...भाई लो...।" कहकर बेका एक हंडिया में से पानी देने लगा। पानी का एक घूंट जैसे ही कुमार के मुंह में गया वैसे ही वह उसे थूकता हुआ बोला, "यह पानी है या पेशाब...कमीने, प्यासे से ऐसा मजाक करते हुए तुम्हारी आत्मा ने तुम्हें धिक्कारा नहीं।...भैया पानी पिला दो...पानी पिला दो...मैं तुम्हारी गाय हूं।...पानी...पानी।"

बंका क्रूरता से हंसता रहा।

इसी बीच ठाकुर आ गया। उसे देखते ही कुमार ने फिर बुझे हुए स्वर में कहा, "पानी...पानी...मैं मर जाऊंगा ठाकुर साहब!"

"मैं तुम्हें पानी भी दूंगा और माफ भी कर दूंगा अगर तुम मुझसे एक चीज का वायदा करो?"

कुमार की हालत बड़ी दयनीय थी। उसने अपनी आंखें खोली। बोला, "कौन-सी चीज का वायदा?"

"एक ही चीज का कि तुम इस गांव को सदा-सदा के लिए छोड़कर चले जाओगे। सपने में भी रानो का ख्याल नहीं करोगे!" ठाकुर ने उसके बालों को पकड़कर झटका दिया।

"मैं यह वायदा नहीं कर सकता।"

"फिर ऐसे ही तड़प-तड़पकर मरना होगा।"

"मर जाऊंगा।" कुमार ने कहा, "पर रानो को नहीं भूल सकता। हम दोनों ने सच्चा प्यार किया है। कम से कम मैं तो उसे धोखा नहीं दे सकता। मरना तो एक दिन सभी को है। जरा देर से न मरकर जल्दी मर लिए तो क्या हुआ?"

उसमें एक ईश्वरीय ओज आ गया था। ठाकुर ने उसे धक्का दिया। अब तो उसमें जरा-सा भी दम नहीं था। वह गिर पड़ा। ठाकुर एक लात उसको और भी मारता कि विनोद आ गया। उसने आकर कहा, "नहीं-नहीं, ठाकुर साहब, मरे हुए को आप मत मारिए।"

"विनोद, यह अब भी रानो के सपने देखता है।" ठाकुर बोला।

"अब ये रानो के सपने इस जन्म में ही नहीं, अगले जन्म में भी देखेगा।" विनोद ने दुष्टता से मुस्करा कर कहा, "अब तो गांव के सारे लोग भी इसके विरुद्ध हो गए हैं।...मैंने सभी को यह बता दिया है कि कुमार ने रानो की इज्जत लूटनी चाही।...लोग गांव की ठाकुर की बेटी पर बुरी नजर रखने का महापाप समझ रहे हैं। इसलिए अब वे कुमार से घृणा करने लगे हैं।"

"शाबाश विनोद, मैं तुमसे बड़ा खुश हूं।"

विनोद झट से ठाकुर के पांव छूकर बोला, "ठाकुर साहब, मैं तो रानो को अपनी बहिन की तरह मानता हूं। उसपर यदि मैं बूरी नजर रखूं तो भगवान मुझे अंधा बना दे! पर आप तो मुझपर विश्वास भी नहीं करते थे।"

ओह! विनोद कितना नीच और पापी था। एक ओर वह रानो को अपनी बहिन कहता था और दूसरी ओर उसके शरीर से खेलने की गंदी तमन्ना रखता था। अजीब है यह मानव-चरित्र? कोई उसको जरा भी समझ नहीं सकता।

"अब मैं तुम पर पूरा विश्वास करता हूं।...आओ, मैंने तुम्हें अपना किलेदार बनाया।"

"जय हो ठाकुर साहब की।" विनोद ने ठाकुर साहब को हाथ जोड़े। सब लोग कुमार को पानी-पानी चिल्लाते हुए छोड़कर चले गए। थोड़ी देर के बाद विनोद आया। अब विनोद किलेदार था। उसने खाकी रंग की ब्रेजर्स व कोट पहन रखा था। उसके हाथ में बन्दूक थी। जब उसपर किले की रक्षा का भार था। वह रानो के कमरे के पास गया।

"क्यों रानो, कैसी हो?"

रानो ने विनोद को देखा तो आश्चर्य से कहा, "तुम और यहां?"

"मैं अब इस महल का रक्षक हूं। किलेदार हूं। अब इस महल और तुम्हारी देखभाल की जिम्मेदारी मुझपर है।" विनोद ने दभ से मुस्करा कर कहा, "आज तो बेचारा कुमार दिन-भर कोल्हू में बैल की जगह जुता रहा और तेल निकलता रहा। न उसे खाना दिया और न एक बूंद पानी और रानो बंका भी बड़ा ही बेरहम आदमी है, पानी की जगह बैल का पेशाब पिला दिया, छिः छिः।"

रानो को उसका एक-एक वाक्य लावे की तरह लगा। उसे ऐसा महसूस हुआ कि उसके भीतर ज्वालामुखी भड़क गए हैं। वह तड़पकर बोली, "भगवान के घर में देर है, अंधेर नहीं। तुम हम लोगों को तड़पा-तड़पाकर मार रहे हो, उसी तरह ईश्वर तुम लोगों को मारेंगे। हे भगवान, मेरे कुमार की रक्षा करना! यदि कहीं भी प्यार का सत्य मौजूद है तो उसे पानी के लिए न तड़पना पड़े।"

आकाश में बादल छाए हुए थे। वह कोई चमत्कार था या रानो के हृदय की सच्ची प्रार्थना। उसके वाक्य की समाप्ति के साथ ही बादलों में डरावनी बिजली कौंधी। बादल जोर-जोर से गरजने लगे। हवाएं चलीं। देखते-देखते घनघोर वर्षा होने लगी।

कुमार के होंठों पर बूंदें पड़ने लगीं। देखते-देखते उसका गला तर हो गया। उसने अपनी ओखें खोलीं। फिर ओक भर-भर कर पानी पिया। धीरे-धीरे उठा और एक बरामदे के छज्जे के नीचे चला गया। रानो ने ईश्वर को बार-बार धन्यवाद दिया। विनोद हतप्रभ रह गया। वह भी इस चमत्कार से चकित रह गया। रानो ने कहा, "विनोद पापियों का संसार ज्यादा दिन तक नहीं चलता। यदि तुममें जरा भी मनुष्यता है तो कुमार को छोड़ दो।"

विनोद ने कालू को जाने का संकेत किया। वह चला गया। फिर उसने रानो से कहा, "रानो! तुम्हें मेरी सलाह मान लेनी चाहिए।"

"कौन-सी?"

"तुम्हें कुमार को भूल जाना चाहिए।"

"मैं भूल जाऊंगी पर एक शर्त पर।" रानो ने तुरन्त सोचा कि अब यदि उसने चालाकी नहीं की तो कुमार को अपने प्राणों से हाथ धोना पड़ेगा।

यदि कुमार मर गया तो वह भी जीवित नहीं रहेगी। सभी बुजुर्ग कहते हैं जब शक्ति से काम बंद हो जाए तो अक्ल से काम लेना चाहिए। रानो ने भी यह किया। उसने अपने चेहरे के दर्द और उदासी को हटाया। वह रहस्यमय मुस्कराहट लाकर विनोद को एकटक निहारने लगी।

विनोद जरा उत्साह से बोला, "कौन-सी शर्त पर?"

"मेरी एक ही शर्त है।"

"वह क्या?"

कुमार को सही-सलामत उसके घर पहुंचा दो। मैं तुमसे वायदा करती हूं कि तुम जो मांगोगे वह तुम्हें दूंगी।" वह भीतर ही भीतर बोली, 'कमीने, मैं तुझ पर थूकूंगी भी नहीं। जिस दिन मेरा बस चलेगा उस दिन तुम्हें तड़पा-तड़पाकर बदला लूंगी। विनोद खुशी में पागल हो गया। वह वासना का कामी कुत्ता रानो के यह कहने पर उसका मन नाच उठा। उसकी आकृति पर सांप रेंगने लगे। विनोद उसके पास गया। उसे छूना चाहा पर रानो पीछे हट गई। बोली, "पहले मेरा काम करो। बाद में मेरी ओर कदम बढ़ाना।"

विनोद ने उसे विश्वास के साथ कहा, "मैं तुम्हारा काम कर दूंगा।"

"पहले करो। बस इतना याद रखो कि यदि कुमार को कुछ हो गया तो मैं भी अपने प्राण दे दूंगी। फिर तुम जीवन-भर रानो के लिए तड़पते रह जाओगे।"

विनोद ने सपने में भी नहीं सोचा था कि रानो ऐसे भी बदल सकती है। वह खुश हो गया। उस रात वह अपने बिस्तर पर करवटें बदलता रहा। कब सुबह हो और कब वह नया चक्कर चलाए।

सुबह होते ही विनोद की आंख खुली। उसे कब नींद ने घेरा, उसे नहीं मालूम। लेकिन उसकी आंख खुली तो उसके सामने श्याम और लंका माई तो ऐसे लग रही थी जैसे वह सालों से बीमार हो। पीली पड़ गई थी। विनोद ने अंगड़ाई ली। और दिन होता तो वह चौंक जाता पर आज उसने बड़ी नाटकीयता से अपने किलेदारी रुआब से उन्हें देखा। बोला, "आज सुबह-सुबह कैसे आई माई?"

लंका ने उसे हाथ जोड़ते कहा, "बेटा! अपने बेटे की जिन्दगी की भीख मांगने आई हूं।"

विनोद ने कठोर स्वर में कहा, "माई! मैं पहले केवल विनोद था और अब मैं किलेदार विनोद हूं। मुझ पर सारे महल की जिम्मेदारियां हैं। ठाकुर

ने मुझे यह प्रतिष्ठा दी है। ऐसी स्थिति में मुझे दूध का दूध और पानी का पानी करना पड़ेगा। तुम चाहे मानो या न मानो, तुम्हारे बेटे कुमार ने बड़ा गुनाह किया है। ठाकुर की बेटी की इज्जत पर हाथ डाला। ऐसे अपराध की सजा मौत के सिबाए क्या हो सकती है?"

"वह नादान है। तुम्हारा दोस्त है। मैं तुम्हें विश्वास दिलाती हूं कि आगे से वह उस ओर देखेगा ही नहीं।"

"अरे! उसपर रानो के प्यार का भूत सवार है।"

"वह मेरी लाश पर रानो के प्यार का दीया नहीं जला सकता।"

"तुम्हें ऐसा यकीन है।"

"हां, यकीन है।"

बीच में श्याम बोला, "विनोद! कुमार अब इस महल की ओर नहीं जाएगा। मैं भी तुम्हें विश्वास दिलाता हूं। आखिर वह मेरा भी मित्र है।"

"फिर ठीक हैं। मैं ठाकुर साहब से कहकर कुमार को जीवनदान दिलाने की कोशिश करूंगा।" विनोद ने उन्हें आश्वासन दिया, "हां, बाद में उसने कोई भी हरकत की तो गोलियों से भून दिया जाएगा।"

लंका ने कहा, "माई का वचन झूठा नहीं होगा। मैं स्वयं उसकी पहरेदारी करूंगी।"

विनोद जल्दी से तैयार होकर ठाकुर के पास गया। ठाकुर बैठा-बैठा हुक्का पी रहा था और रानो के बारे में सोच रहा था कि यह प्रेम क्या बला होती है? दरअसल ठाकुर को प्यार का ज्ञान ही नहीं था। जिस आदमी ने सारी उम्र वासना में जीते-जीते बिताई हो, उसे प्यार का आभास कैसे होता? फिर भी ठाकुर ने सोच लिया कि वह जितना जल्दी हो सके, रानो का विवाह कर देगा। उसके हाथ पीले करके उसकी डोली को रवाना कर देगा वरना उसके प्रेम के किस्से यदि चर्चित हो गए तो फिर उसकी शादी नहीं होगी। ठाकुर महेन्द्रसिंह की इज्जत धूल में मिल जाएगी।

"ठाकुर साहब को मुजरा कर रहा हूं।"

"आओ विनोद आओ।"

"आप क्या सोच रहे हैं?"

"विनोद, मैं तो बस एक ही बात सोच रहा हूं कि जल्दी से जल्दी रानो के हाथ पीले कर दूं।"

विनोद ने ठाकुर की हां में हां मिलाइ। वह बोला, "ठाकुर साहब, यह मैं भी सोच रहा हूं। आज मैंने रानो बाई जी से बातचीत की। उन्हें मैंने यह धमकी दी कि यदि वे कुमार को जिन्दा देखना चाहती हैं तो ठाकुर साहब की राय मान लें और कुमार को भूल जाएं। पर वह एक शर्त रखी हुई है।"

"कौन-सी शर्त?" ठाकुर व्यग्रता से बोला।

विनोद ने बड़ी नाटकीयता से कहा, "जरा धीरज रखिए ठाकुर साहब! इधर आज मैं सुबह-सुबह लंका माई के घर गया।" विनोद ने सफेद झूठ बोलते हुए कहा, "वह मेरे सामने रोने लगी। उसको मैंने बताया कि मैं एक शर्त पर कुमार की जान बख्श सकता हूं कि वे कुमार को लेकर इस गांव को छोड़ कर चले जाएं। कुमार सदा-सदा के लिए चला जाएगा। रानो की समस्या भी हल हो जाएगी कि वह आपके कहे अनुसार शादी कर लेगी।... वरना रानो जरूर मौत को अपना लेगी और आपका वंश सदा-सदा के लिए इस धरती से लोप हो जाएगा।"

ठाकुर इधर रानो को लेकर काफी परेशान और बेचैन था। भीतर से कहीं टूट गया था। बोला, "जैसा तुम ठीक समझते हो, वैसा कर लो।"

विनोद भी खुश हो गया। यह बोला, "ठाकुर साहब! आपने मुझ पर विश्वास किया है, इसलिए मैं अपने मन-प्राण से आपकी समस्या को सुलझाऊंगा। आपकी रानो की डोली यहां से विदा करूंगा। आपकी इज्जत मेरी इज्जत है।"

फिर विनोद रानो के पास गया। कालू वहां डटा हुआ था। उसने कालू की छुट्टी करते हुए कहा, "अब रानो पर किसी पहरे की जरूरत नहीं है और तुम कुमार को उसके घर पहुंचा आओ।"

रानो को कुमार की मुक्ति की बात पर सहसा विश्वास नहीं हुआ। वह जोर से बोली, "विनोद!"

विनोद अकड़ता हुआ रानो के पास गया। सीना फुलाकर बोला, "रानो! मैंने अपना वचन पूरा किया। मैंने ठाकुर साहब को राजी कर लिया है। उन्होंने कुमार को प्राण दान दे दिया है। अब कुमार अपने घर जा रहा है। कुमार की मां ने भी मुझको वचन दिया है कि वह कुमार को लेकर सदा-सदा के लिए गांव छोड़कर किसी अज्ञात स्थान को चली जाएगी। इस तरह तुम्हारे जीवन का तूफान भी चला जाएगा।...रानो! तुम नहीं जानती कि मैं तुम्हें कितना चाहता हूं। मेरे रोम-रोम में तुम्हारा वास है। यदि तुमने

मेरे प्यार को समझ लिया होता तो तुम्हें इतने बड़े तूफान से नहीं गुजरना पड़ता।...आखिर मैं राजपूत हूं। हमारी और तुम्हारी तो शादी भी आसानी से हो सकती है।"

रानो ने बनावटी अपनेपन से कहा, "विनोद! मैं तुम्हारा यह अहसान जिन्दगी-भर नहीं भूल सकती। तुमने कुमार को जीवन-दान नहीं दिया बल्कि मुझे जीवन दान दिया है।"

"रानो!"

"हां!"

"अब मेरी इच्छा कब पूरी करोगी?"

"आज से सातवें दिन।"

"सच?"

"हां।"

"मैं सातवें दिन यहां आऊंगा। रात को ठीक बारह बजे।"

रानो ने कोई जवाब नहीं दिया। विनोद अधीर हो गया। उसने रानो के हाथ को छूना चाहा पर रानो पीछे हट गई। बड़े ही संयम से वह बोली, "सातवें दिन!"

विनोद तड़पकर चला गया। उसे प्यास घेरने लगी।

रानो आहत होकर बैठ गई। चंदा आ गई थी। दरअसल चंदा छुपकर उन दोनों की बातचीत सुन रही थी। उसका मन रानो की बेवफाई पर घृणा से भर आया। प्यार को अपने जन्म-जन्म का देवता समझने वाली रानो ने इस कमीने का प्रस्ताव क्यों मान लिया? क्या रानो का जमीर मर गया। उसने आते ही पूछा, "बाई? आपने यह अच्छा नहीं किया? आज आपकी यह हरकत देखकर मेरा मन आपके प्रति अश्रद्धा से भर गया। जिस प्यार के लिए आप जी-जान से लड़ीं, उसे इतना जल्दी भुला दिया?"

रानो का गला भर आया। वह बोली, "चन्दा, रानो का प्यार बहुत ही पवित्र है। उस प्यार का कलंकित करनेवाले तो पृथ्वी पर जन्मे ही नहीं। यह तो मेरी चाल थी जिससे कुमार की जिन्दगी बच गई। जानती नहीं, प्यार कितना त्याग मांगता है? दरअसल प्यार बलिदान से ही परबान चढ़ता है। यदि विनोद ने मुझे छूने की भी कोशिश की तो मैं अपने उस अपवित्र शरीर

को नष्ट कर दूंगी। मेरा तन-मन सब कुछ कुमार के अर्पण है। मेरे प्राणों का समर्पण भी कुमार के लिए होगा।"

चंदा ने कहा, "मुझे आप पर गर्व है।"

"चलो, सारे बन्धन तो टूट गए। विनोद ने सोचा होगा कि रानो मुझे मिल जाएगी पर रानो तो इस जन्म में कुमार को ही मिलेगी।"

"चलिए, आज तो खाना खाइए।"

रानो नहाने के लिए चल पड़ी।

विनोद ज्यादा इन्तजार नहीं कर सका। वैसे वासना के कीड़े केवल कुलबुलाना जानते हैं। उनमें धैर्य और संयम कहां रहता है? विनोद पांचवे दिन ही आ धमका।

रात का समय था। रानो बेसुध-सी अपने पलंग पर पड़ी थी। उसका रूप और यौवन उस परेशानी को हालत में भी अत्यन्त मोहक लग रहा था।

हालांकि रानो ने बड़ी सफाई से चंदा द्वारा कुमार की हालत के बारे में पता लगा लिया था। उसने कुमार को यह भी बता दिया कि इसके लिए उसे विनोद को बड़ा झांसा देना पड़ा। विनोद सातवें दिन उसके कमरे में आएगा। कुमार ने भी कहला दिया था कि काफी स्वस्थ है और सातवें दिन वह विनोद को ऐसा सबक सिखाएगा जिसे वह इस जन्म में नहीं, सात जन्म में याद रखेगा।

पर विनोद पांचवे दिन आ गया। वह रानो को बड़ी देर तक प्यासी निगाहों से देखता रहा। उसकी इच्छा हो रही थी कि वह रानो को दबोच ले। उत्तेजना के मारे उसके होंठ सूख से रहे थे। आखिर उसने रानों के अधरों पर अपने होंठ रख दिए। रानो की सांस में जरा-सी घुटन हुई कि वह हड़बड़ा कर जाग गई। दीये की लौ में उसने देखा तो उसके सारे बदन में आग-सी लग गई। उसने घृणा-भरे स्वर में कहा, "तुम और यहां, वह भी रात के बारह बजे।"

विनोद ने उसका हाथ पकड़कर कहा, "रानो, मुझसे अब इन्तजार नहीं हो सकता। मैं पागल हो जाऊंगा।"

रानो उससे काफी दूर हो गई। बोली, "मैं जानती हूं। तुममें सब्र क्यों नहीं है? क्योंकि तुम्हारे भीतर पवित्र प्यार की लपट भी नहीं है। तुम्हारे भीतर तो केवल वासना के नाग हैं? वे नाग तो केवल डसना जानते हैं। लेकिन

विनोद, मैं तुम्हारी इच्छा आज पूरी नहीं कर सकती। तुम्हें आना है तो सातवें दिन ठीक बारह बजे। मैं तुम्हारा इंतजार करूंगी।"

"नहीं रानो, अब मैं प्यासा नहीं जा सकता। मैं तुम्हें वचन देता हूं कि मैं कुमार की हिफाजत करूंगा।"

"देखो विनोद, ज्यादा वाचालता की तो मैं शोर मचा दूंगी। फिर तुम्हारी क्या दुर्गति हो सकती है, इसका अन्दाजा लगा लो।"

विनोद डर गया। वह जानता था कि इसका नतीजा बड़ा ही भयानक हो सकता है। वह काफी सोचकर बोला, "मैं आज जा रहा हूं। लेकिन सातवें दिन मैं तुम्हारी एक भी बात नहीं सुनूंगा। कोई भी बहाना नहीं चलने दूंगा। मैंने तुमसे सौदा किया है और मेरा सौदा तुम्हें सस्ता ही पड़ेगा।"

रानो ने कोई जवाब नहीं दिया।

विनोद वासना की आग में जलता हुआ चला गया।

सातवां दिन!

सुबह हो गई थी। ठाकुर रानो के पास आया। वह आकर बोला, "कैसी हो बेटी?"

"अच्छी हूं ठाकुर साहब!"

ठाकुर ने तुरन्त पूछा, "आज पिताजी नहीं कहोगी बेटी।"

"आप ठाकुर साहब के अतिरिक्त कुछ भी नहीं हो सकते। पिता बनना तो आपके लिए बहुत ही मुश्किल है।" रानो ने तीखे स्वर में कहा!

"तुमने मुझे सही ढंग से समझा ही नहीं। ठाकुर ने शांत स्वर में कहा, "जब कभी तुम्हारे बच्चे होंगे और वे सब कभी तुम्हारे सामने इस तरह की समस्याएं खड़ी करेंगे तब तुम्हें मालूम पड़ेगा। खैर, अब तुम कैसी हो?"

"अच्छी हूं।"

"मैंने तुम्हारे कहने पर कुमार को प्राण-दान दे दिया है। अब मेरी इच्छा है कि मैं तुम्हारी सगाई ठाकुर विजयपाल सिंह जी से कर दूं। अच्छा घराना है, अच्छा ठिकाना है और काफी रुपयेवाले आदमी हैं।" ठाकुर यह कहकर पलंग पर बैठ गया। चंदा चांदी के गिलास में पानी ले आई। ठाकुर ने पानी पी लिया। रानो ने केवल एक घूंट लेकर कहा, "ठाकुर साहब!

आप यदि इस सवाल को अभी न उठाएं तो उचित रहेगा।"

"क्या मतलब?"

"अभी मेरी मनः स्थिति ठीक नहीं है। ऐसी स्थिति में आपका जल्दबाजी में किया गया कोई भी निर्णय पीड़ादायक हो सकता है।" रानो ने परामर्श-भरे स्वर में कहा। वह काफी गंभीर लग रही थी।

"बेटी! पता नहीं तुम मुझसे किस जन्म का बदला ले रही हो?" ठाकुर झल्लाकर बोला, "मैंने तुम्हें लेकर कितने सपने देखे थे? क्या-क्या कल्पनाएं की थीं। क्या-क्या महल बनाए थे। पर तुमने तो एक आदमी के लिए अपने-आपको तबाही के रास्ते पर डाल दिया।"

"ठाकुर साहब! अपने मुझे लेकर अनेक सपने देख लिए और महल भी बना लिए पर मैं आपको यकीन दिलाती हूं कि मैंने आपको लेकर एक ही सपना देखा था। वह सपना था कि आप मेरी भावनाओं व इच्छा की कद्र करेंगे। आप मुझे वैभव-विलास की जगह मन के वैभव में डूबने देंगे। पर आप तो झूठी आन-बान के लिए मेरी आहुति देने लगे! मैं अपनी आहुति भी दूंगी।"

"कितनी झूठी हो?"

"ठाकुर साहब...!"

"हां, मैं ठाकुर साहब हूं। केवल ठाकुर, तुम्हारा बाप नहीं पर याद रखना बाप सदा अपनी बेटी से हारता है पर ठाकुर नहीं।" ठाकुर तीर की तरह बाहर निकल गया। रानो की आंखें भर आई। वह हथेलियों में मुंह छुपाकर फफक पड़ी। उसी समय महल का बहुत ही पुराना नौकर रामू आ गया। रामू को देखते ही वह उसके सीने से लगकर सुबकने लगी। रामू ने उसे धैर्य दिया। रानो ने विनती-भरे स्वर में कहा, "रामू काका, मुझे एक बन्दूक चाहिए।"

"क्यों?"

"मुझे किसी राक्षस का अंत करना है।"

रामू गंभीर हो गया। वह शंका से घिरकर बोला, "मुझे तुमसे भय लगता है।"

रानो ने विश्वासपूर्वक कहा, "काका! तुम्हारी कसम मैं अपने को नहीं मारूंगी। मैं किसका अंत करूंगी, यह भी तुम मुझसे मत पूछो। मैं अपने प्यार के शत्रु एक अत्यन्त ही घृणित आदमी को मारना चाहती हूं। मैं उन दीवारों की नीवों को गिराना चाहती हूं जो मुझे रोकती हैं।"

"काका, तुम्हें मेरी कसम, मुझसे कुछ न पूछो। मुझे केवल एक बन्दूक ला दो।"

"अच्छा, अभी मिल जाएगी। पर इतनी कसम तो मेरी भी है कि तुम आत्मघात नहीं करोगी।"

"नहीं करूंगी।"

"मैं चंदा को बंदूक दे दूंगा।" और रामू काका चला गया।

फिर वही रात!

भयानक और घनघोर बारिश लिए। ऐसा लग रहा था जैसे आज आकाश फट पड़ेगा। बार-बार बिजली कड़ककर उस वातावरण को और भयानक व डरावना बना रही थी। तूफानी हवाओं से झोंपड़े-झोंपड़ियां कांप-कांप जाते थे। कुमार खेत की झोंपड़ी में था। लंका माई अपने घरवाले झोंपड़ें में। वह जरा बेचैन थी। उसे बार-बार लगता था कि कुमार आज फिर रानो के पास न चला जाए। वह सुबह से ही वाचाल था। बार-बार वह रानो-रानो का नाम बुदबुदा रहा था। परेशान और विचलित हो रहा था।

कुमार कई बार झोंपड़ी के बाहर निकला। बाप रे, आज कैसा मौसम है? लगता है आज बादल धरती की सात जन्म की प्यास बुझा देंगे।...

सातवें दिन की रात।

आज विनोद रानो के पास जाएगा। कहीं वह रानो के धर्म को लूटने में सफल न हो जाए।...रानो ने उसे कहला भी दिया था कि ठीक बारह बजे विनोद आएगा।...वह भी जाएगा। इस मौसम का विद्रोह भी तो उसकी परीक्षा है। वह परीक्षा देगा! कुमार ने रस्सी और चाकू संभाले। वह झोंपड़ी के बाहर निकला। बारिश और तूफान!

कड़कड़ाती हुई बिजली आकाश से गिरी। कुमार ने अपने कानों को बंद कर लिया। उसने अपनी आखें भी बंद कर लीं। उसे लगा कि कहीं से धरती फट गई है।

फिर उसने अपनी आंखें खोलीं तो वह हैरान हो गया। उससे थोड़ी दूर पर एक खेजड़े का पेड़ खड़ा था। उसपर बिजली गिरी थी। पेड़ छिन्न-भिन्न हो गया। उसका हिस्सा तो जलकर राख हो गया। वह मन ही मन कांप उठा। फिर साहस को बटोरकर चल पड़ा।

वर्षा उसका रास्ता रोक रही थी पर वह भागा जा रहा था।

वह जैसे ही पुराने मंदिर के पास पहुंचा, वैसे ही उसे विनोद दिखाई दे गया। विनोद को देखते ही उसके तन-बदन में आग-सी लग गई। "यही वह कुत्ता है जिसने हमें तबाह किया।" उसने घृणा से खंखारा। विनोद तो अपने आपमें मस्त था। उसने वही खाकी ब्रेजर्स और कोट पहन रखा था। उसने कोट की जेब में से बोतल निकाली और उसे पीने लगा। शायद वह अपने इन्सान को शराब पी-पीकर मारने जा रहा हो?

वह गुप्त रास्ते के समीप गया। मंदिर के देवता के आगे खड़े होकर उसने अपनी मनोकामना पूरी होने की प्रार्थना की, "हे दुर्गा मां, यदि आज रानो ने मेरे प्यार को स्वीकार कर लिया तो मैं तुमपर सोने का छतर चढ़ाऊंगा।"

कुमार का धैर्य जाता रहा। उसने उछलकर उसकी पीठ मे अपनी टांगों का वार किया। एक चीख-सी निकली विनोद के मुंह से, "हाय मैं मर गया।" पर वह दूसरे ही पल संभल गया। उसने पलटकर देखा तो वह पहचान गया कि प्रहार करनेवाला कौन है।

विनोद भागकर किवाड़ की ओट में हो गया और कठोर स्वर में बोला, "कुमार, मैं तुम्हें अंधेरे में भी पहचान सकता हूं।

"अच्छा हुआ कि तुमने मुझे पहचान लिया।" कुमार ने कड़क कर कहा, "आज हम दोनों के बीच फैसला होकर रहेगा।"

"हां, आज फैसला हो ही जाना चाहिए।" विनोद ने भी दृढ़ स्वर में कहा, "आज के बाद रानो मेरी अपनी रानी हो जाएगी।"

तुम्हारा यह सपना सात जन्म में भी पूरा नहीं होगा।"

"तुम गधे हो। तुम्हें शायद यह मालूम नहीं कि वह तुम्हें हर कीमत पर जिन्दा देखना चाहती है और वह यह भी जानती है कि तुम्हारी जिन्दगी मेरी मुठ्ठी में है। तभी तो आज उसने मुझे बुलाया है। वह मेरे साथ सुहागरात मनाएगी।"

विनोद ने इतना कहने के साथ अपनी कमर में से चाकू निकाल लिया। उसी समय बिजली चमकी। उस बिजली में चाकू बिजली के टुकड़े की तरह चमक उठा।

कुमार सावधान हो गया। उसने कहा, "किसके साथ क्या मनाएगी, यह तो आने वाले कल बताएगा। पर आज हम दोनों के बीच फैसला हो ही जाना चाहिए। एक म्यान में दो तलवारें नहीं आ सकतीं।"

कुमार ने भी चाकू निकाल लिया। विनोद लपककर मैदान में आ गया। उसने अपना पैंतरा बदल लिया। इस बीच कुमार भी अपने को हमला करने के लिए तैयार कर चुका था। दोनों के हाथ के चाकू बिजलियों की चमक में चमक रहे थे। दोनों भिड़ गए। एक-दूसरे के सिर टकरा रहे थे। दोनों के चाकू आपस में उलझे हुए थे। दोनों एक-दूसरे को अपने रास्ते से हटाने के लिए प्राणपण से कोशिश कर रहे थे।

विनोद ने जहरीले स्वर में कहा, "आज मैं तुम्हारी मौत बन जाऊंगा।"

कुमार ने उसी स्वर में कहा, "शायद यह सौभाग्य मुझे मिले।"

"मैं तुम्हारी मौत हूं।"

"मैं तुम्हारा काल हूं।"

अचानक कुमार पीछे हटा। विनोद जरा-सा डगमगाया। कुमार ने चाकू का वार न करके एक घूंसा मार दिया। विनोद के हाथ से चाकू गिर पड़ा। कुमार उसपर बाज की तरह झपटा। पर विनोद ने अपनी सारी ताकत लगाकर कुमार के चाकू वाले हाथ को पकड़ लिया। दोनों फिर गुत्थमगुत्था हो गए। कुमार ने फुर्ती से अपना चाकू वापस बंद करके कमर में खोंस लिया। अब दोनों एक-दूसरे पर भूखे शेर की तरह झपटा और मारने लगे। देर तक दोनों एक-दूसरे पर वार करते रहे। कुमार ने विनोद को अपनी बांहों में उठाकर चक्करी की तरह घुमाया। उसे बहुत ही जोर से पटका कि उसकी सांस ही रुक गई। कुमार ने घृणा से कहा, "रानो के साथ सुहागरात मनाएगा?...तुझे तो अब मौत के साथ ही सुहागरात मनानी होगी।"

विनोद गिड़गिड़ाया, "नहीं कुमार, मुझे मत मारो। मैं तुम्हारी गाय हूं। मैं अपने प्राणों की भीख मांग रहा हूं।...नहीं कुमार, नहीं, मुझे मत मारो...मैं अब तुम्हारे रास्ते से सदा-सदा के लिए हट जाऊंगा।"

कुमार के सिर पर खून सवार था। उसके दिल की आग अब भी प्रज्वल्लित थी। उसने कठोर स्वर में कहा, "विनोद! हर बार पृथ्वी पर शैतान पैदा होता है। हिरण्यकश्यप...कंस...शिशुपाल...सब शैतान थे। उन्हें मारने के लिए भगवान ने भी बार-बार अवतार लिए...शायद तुम्हें मारने के लिए भगवान ने मुझे भेजा है। अंतिम बार तू राम का नाम तो ले ले।"

"नहीं, कुमार, नहीं...भगवान के लिए मुझे छोड़ दो...।" वह रो पड़ा।

पर कुमार ने उसे टांगों से ऐसे पकड़ा जैसे वह कोई कपड़ा है। फिर हवा में झुलाकर नीचे पटक दिया। वह तब तक ऐसा करता रहा जब तक वो कमीना मर नहीं गया।

वो खून से लथपथ हो गया।

कुमार उसे देखता रहा। उसके दिमाग में तेजी से एक विचार कौंधा। सोच बैठा, "मैं क्यों नहीं विनोद के कपड़े पहन लूं? यह किलेदार है। ऐसी घनघोर अंधेरी रात में कम से कम पहरेदार तो धोखा खा सकता है। यदि किसी ने रानो के कमरे में भी देख लिया तो वहम नहीं करेगा! उसने विनोद का लिवास उतार लिया। हालांकि खून के धब्बे अवश्य कई जगह नजर आ रहे थे। किंतु उसने उनकी परवाह नहीं की। उसने विनोद के कपड़े पहन लिए। फिर वह नदी की ओर चल पड़ा। गुप्त रास्ते पर कालू का पहरा था। कालू तो उसे दूर से पहचान सकता है। वह थोड़ी देर तक सोचता रहा। फिर वह नदी के किनारे आ गया। अब वर्षा थम गई। बस हल्की-हल्की बूंदाबांदी हो रही थी। लेकिन नदी का प्रवाह भयानक था। उसमें बाढ़ आ गई थी। पानी जगह-जगह सांप की तरह कुंडली मार रहा था। उसमें अनेक भंवर थे। बिजली अब भी चमक रही थी। ऐसा लग रहा था कि आज की रात कयामत की रात है। वर्षा के बाद की काल-रात्रि!

उसने उस पार देखा। रानो के कमरे में अब भी दीया जल रहा था। उसने सोचा कि यह प्रतीक्षा निगोड़ी भी बड़ी दुष्ट है। आदमी सोचा कि सारा सुख-चैन छीन लेती है।

वह पेड़ के सहारे चारदीवारी पर चढ़ा। रस्सी को खोलकर नीचे झांका। आज नीचे पहरेदार पहरा लगा रहा था। वह उसे भी पहचान गया कि यह बंका है! वह खड़ा रहा। बंका बढ़ता-बढ़ता काफी आगे निकल गया। फिर वो जनाना बाग की तरफ गया। यहां कालू खड़ा था। बंका उससे बातचीत करने लगा। कुमार ने जल्दी से रस्सी को जोर से फेंका। रस्सी खिड़की के उभरे हुए गुम्बद में अटक गई। उसने भगवान का शुक्रिया अदा किया। वह जल्दी से रस्सी को पकड़कर झूल पड़ा। वह अभी बीच में ही पहुंचा था कि जोर से बिजली कड़की। रानो की निगाह उसपर गई, वह घृणा से भर उठी। उसके मुंह से निकल पड़ा, "कमीने आज मैं तुम्हें जिंदा नहीं छोड़ूंगी। आज मैं तुम्हें सदा-सदा के लिए अपने रास्ते से हटा दूंगी।"

विनोद के लिवास ने रानो को धोखा दे दिया। कुमार खिड़की की तरफ झूलता हुआ बढ़ रहा था। रानो ने बन्दूक संभाली और धांय से गोली दाग दी। गोली कुमार के सीने में धंस गई। वह कराहकर चीखा! पुकार उठा, "रानो...रानो...यह तो मैं हूं कुमार...!"

वह अपनी पूरी ताकत से रस्सी को पकड़े हुए था। अथाह दर्द और पीड़ा। इस बीच गोली की आवाज सुनकर बंका और कालू भागे। वे जोर-जोर से चिल्लाने लगे, "गोली किसने चलाई...वहां कौन घुस आया है।"

रानो के पैरों तले जमीन खिसक गई। वह खिड़की पर जाकर चीखी, "कौन कुमार?...हे भगवान! यह मैंने क्या किया? अपने ही हाथों अपने प्यार का गला घोंट दिया।...कुमार आगे बढ़ो। बंका और कालू आ रहे हैं?"

पर कुमार आगे नहीं बढ़ सका। उसकी ताकत ने जवाब दे दिया था। वह जमीन पर आ गिरा। लेकिन कुमार रानो को देखकर एक अजीब ताकत से भर गया। रानो पागल की तरह कुमार-कुमार चिल्लाई थी। बंका और कालू उस ओर झपटे कि रानो ने धांय से एक गोली और चला दी। बंका वहीं पर ढ़ेर हो गया पर कालू बच गया। कुमार तेजी से चारदीवारी की तरफ लपका। वह जल्दी से बरगद की जड़े पकड़कर झूला और एक झटके मे वह दीवार पर बन्दर की तरह उछलकर चढ़ गया।

एक कसक-सी उठी उसके सीने में। एक हूक ने उसे तड़पा दिया। कालू जोर-जोर से चिल्लाने लगा। कुमार अजीब धर्मसंकट में था। उधर रानो चीख रही थी, "कुमार मुझे माफ कर दो...कुमार मैं गलतफहमी की शिकार हो गई।...तुम भाग जाओ....तुम विश्वास रखो कि मैं जीऊंगी तो तुम्हारे साथ और मरूंगी भी तो तुम्हारे साथ।"

कुमार का सारा सीना खून से लथपथ हो गया था। उसके हाथ-पांव बेजान होने लगे। शरीर की नस-नस तनने लगी। उसने एक बार रानो को हसरत-भरी नजरों से देखा। फिर उसने अपने खेत, पगडंडी, नदी को देखा। रानो के साथ एक-एक बिताए हुए पल को याद किया। सच, उसकी मोहब्बत ने अनगिनत प्यार-भरे गीत गाए थे।...उसे रानो के प्यार ने नई जिंदगी दी थी। उसने आकाश को देखा। वाह! यह भी कैसा चमत्कार हुआ कि बादल छटने लगे और चांद निकल आया पर आज वह भी रो रहा था। ...जाता हुआ एक बादल का टुकड़ा चांद के पास ठहरा...कुछ बूंदें आंसुओं

के रूप में ढरक गईं। उसकी मुहब्बत का इतना दर्दनाक अंजाम होगा, वह नहीं जानता था। रानो के साथ कुदरत इतना खतरनाक मजाक करेगी, यह वो सोच भी नहीं सकता था।

रानो फिर रोते हुए चिल्लाई, "कुमार भाग जाओ...लठैत आ रहे हैं।"

चांद निकल आया था। कुमार ने हाथ हिलाकर कहा, "रानो ...हम जा रहे हैं। यदि जिंदा रहे तो फिर मिलेंगे। यह तो अच्छा हुआ कि मैं इन प्यार के दुश्मनों के हाथों नहीं मरा...विदा...रानो अलविदा...।"

"नहीं कुमार...ऐसा मत कहो। तुम जिंदा रहोगे।...हम इसी जन्म में फिर मिलेंगे!"

कुमार पलटा। देखा तो उस पार बड़ी भीड़ खड़ी थी। उसकी मां लंका जोर-जोर से चिल्ला रही थी, "रुक जाओ कुमार, रुक जाओ...नदी में भीषण बाढ़ हैं...रुक जाओ मेरे लाल रुक जाओ।"

पर कुमार को उसकी आवाज सुनाई नहीं पड़ी। वह नदी मे कूद पड़ा। उसने बड़ी देर तक नदी के ज्वार से संघर्ष किया पर अंत में वह बेजान-सा हो गया। उसके हाथ-पैर ढीले पड़ गए। वह इस प्यार से नफरत करने वाली दुनिया से दूर...दूर....बहुत दूर चला गया...

लंका दहाड़ मार-मारकर चिल्ला रही थी। खुद ठाकुर दीवार पर आकर मरे हुए कुमार मर गोलियां बरसाने लगा।

लंका चिल्लाई, "नहीं, ठाकुर, नहीं...मेरे बेटे को मत मारो...मत मारो।" फिर वह नदी में कूदने को आतुर हुई पर उसे लोगों ने पकड़ लिया।

ठाकुर पागल की तरह गोलियां बरसा रहा था। रानो पागल की तरह चीख रही थी, "नहीं...ठाकुर साहब इसे मत मारो...मत मारो...।" और वह भावावेश व दीवानगी में नीचे आती हुई सीढ़ियों से गिर पड़ी। वह बेहोश हो गई। ठाकुर और उसके आदमी रानो की ओर लपके। उधर कुमार नदी के अथाह जल में खो गया। सारी रात लंका बेटा-बेटा चिल्लाती रही। सुबह तक सब कुछ शांत हो गया था। नदी का ज्वार भी घटने लगा। उसकी भयंकरता भी कम हो गई। लंका बेटा-बेटा पुकारते-पुकारते थककर अचेत हो गई। विनोद के मां-बाप भी अपने बेटे की लाश पर सिर पटक-पटककर रो रहे थे। स्वयं ठाकुर भी रानो को बार-बार पुकार रहे थे, "रानो बिटिया...बोलो... बोलो... एक बार बोलो।"

गांव से थोड़ी दूर पर शहर पड़ता था। ठाकुर ने वहां के प्रसिद्ध वैद्य चरकाचार्य को बुलाने आदमी भेज दिया था। ठाकुर बार-बार बच्चों की तरह रो रहा था।

दोपहर तक वैद्य चरकाचार्य आ गए। वे अपने साथ दो शिष्य लाए थे। उन्होंने और उनके शिष्यों ने रानो को तरह-तरह की दवाएं दीं पर उसे होश नहीं आया। लगभग आठवें दिन उसे होश आया। उसने उठते ही पूछा, मैं कहां हूं। मुझे यहां कौन लाया?"...फिर ठाकुर साहब की ओर देखकर पूछा, "आप कौन हैं? यह महल किसका है?"

चरकाचार्य ने अकेले में ठाकुर को बताया, "ठाकुर साहब, इसको कहीं भी चोट नहीं लगी है। बस, यह केवल अपनी सुधि खो बैठी है।"

"यह अपनी याददाश्त खो बैठी?" ठाकुर ने चौंककर पूछा।

"जी।" वैद्यजी ने दु:ख से कहा, "यह अपना अतीत भूल चुकी है। उसे अपनी पिछली जिंदगी याद नहीं रही है।"

ठाकुर के मुख से आज पहली बार एक चुप-सी आह निकली। उस आह में अफसोस के साथ एक नई राह खोजने की चाह थी। वह गंभीर हो गया।

वह एकांत में बैठकर सोचने लगा कि वह अब क्या करे? वह समझ गया कि भगवान जो करता है, वह अच्छा ही करता है।...यदि रानो पूरी तरह अपना अतीत भूल गई है तो अच्छा ही हुआ। अच्छा ही नहीं बहुत ही अच्छा हुआ। मैं समझ लूंगा कि मेरी बेटी ने इस जन्म में फिर एक जन्म ले लिया।

यह सच भी था कि उसने एक जन्म ले लिया। उसे नये सिरे से बताया गया कि कौन उसका बाप है, कौन इसके भाई-बन्धु हैं, कौन इसके पराए हैं। वह इस महल की इकलौती रानी बेटी है।...यह सब कुछ उसका अपना है। ठाकुर ने बड़ी तेजी से उसके लिए किसी खानदानी दूल्हे की खोज की। दूल्हा भी मिल गया लेकिन उसे ऐन मौके पर कौन कह गया कि रानो पागल है। वह अपने अतीत को भूल गई है। उसका अतीत एक खानदानी औरत के लिए एक कलंकित अतीत है। बस, वह बिगड़ गया उसने बारात वापस लौटाने की धमकी दी। ठाकुर अपनी बेटी की इस तरह जिंदगी बरबाद होते नहीं देख सकता था इसलिए उसने दूल्हे अजयसिंह के पांव पकड़ लिए। दूल्हे ने इस धोखे की सजा ठाकुर को दी। उसने ठाकुर से महल, जमींदारी

और सारी दौलत अपने नाम लिखवा ली। उसे कह दिया कि वह अपनी ऐयाश जिन्दगी की काली छायाएं अपनी बेटी पर नहीं डालेगा। वह इतना कठोर बन गया कि उसने ठाकुर को मरा हुआ भी घोषित कर दिया।...यह महल बंद हो गया। भूतहा महल कहलाने लगा। किसी ने कहा, "इसमें कुमार की आत्मा आती है।"

उस दुःखी व दर्दनाक अतीत को समाप्त करती हुई लंका बोली, "अपने बेटे की एक झलक देखने के लिए मैं इस किले में आती रहती हूं। मुझे लोग प्रेतात्मा समझने लगे। पर मैं केवल अपने उस अभागे बेटे के लिए आती हूं जो तुम्हारे प्यार में पागल हो गया। अपने आपकी आहुति दे दी। कल उसकी आहुति का दिन है। कल रात को ठीक बारह बजे इस नदी में तूफान आएगा। पानी की लहरें भयंकर होकर किनारे से टकराएंगी। लगेगा सब कुछ नष्ट हो जाएगा पर जो जाने वाले हैं, केवल वे ही गए हैं। तुमने उसके साथ वफा नहीं की।"

रानी एक बार महल को अपनी नजर में भरा। वह अजीब-सी निगाह से देखती रही। फिर सुबक-सुबककर रो पड़ी। लंका फिर महल में गायब हो गई।

रानो 'आकाश-महल' लौट आई। उसने सारी दास्तान अपने बाप को सुनाकर पूछा, "क्या यह सच है? यदि आप झूठ बोले तो मुझे कच्चा खाएंगे।" इतनी वीभत्स कसम के सामने ठाकुर झूठ नहीं बोल पाया। रानो को लगा कि अतीत उसके चारों ओर अनावृत-सा हो गया है। उसने सचमुच कुमार को धोखा दिया, उसकी हत्या की! वह दर्द व दुःख में तड़पने लगी। दूसरी रात।

ठीक बारह बजे। रानो आकाश-महल से बाहर निकली। उसपर जुनून-सा सवार था। वह भागकर पुराने महल में आई। उसके पीछे-पीछे ठाकुर और उसके तीनों बच्चे आए।

वह महल के पीछे की ओर आकर नदी को देखने लगी। सचमुच नदी में भीषण ज्वार और तूफान था। रानो ने नाव ली। नाव बंधी हुई थी। लंका ने फुर्ती से नाव को खोल दिया, रानो ने कहा, "माई! मैं कुमार के पास जा रही हूं।"

लंका ने कहा, "यही तेरी वफा है। यही तेरे प्यार की पुकार है।"

वह नाव पर बैठ गई। उसने एक बार फिर कहा, 'कुमार, मेरे महबूब, मैं आ रही हूं। तुमने मेरा बहुत इन्तजार कर लिया, इस महल की एक-एक चीज मुझे कह रही है कि मैं कुमार के पास चली जाऊं!"...नाव आगे बढ़ने लगी। तभी ठाकुर आ गया। वह जोर से चिल्लाया, "रानो...रुक आओ...रुक जाओ...नदी में ज्वार है।..."

तीनों बच्चे जोर से चिल्लाए, "मम्मी, मी...मी....रुक जाओ...आगे मत जाओ...मम्मी।" वे करुण रुदन करने लगे। ठाकुर ने नदी में कूदने की चेष्टा की पर लंका ने उसे पकड़ लिया। बोली, "ठहर जाओ ठाकुर...इसी रात मैंने अपने आंख के तारे को इसी पानी में समाते हुए देखा था...आज तुम भी देखो।...देखो कि अपनों के मौत का दर्द कितना होता है?"

ठाकुर लंका से झगड़ने लगा। पर तीनों बच्चों ने ठाकुर के पांवों को पकड़ लिया, "मत जाओ नानाजी...मत जाओ...।"

ठाकुर ने उन बच्चों को सीने से लगा लिया।

बच्चे फिर सम्मिलित स्वर में चिल्लाए, "मम्मी, मम्मी...रुक जाओ... मम्मी...मम्मी...हमें अकेला छोड़कर मत जाओ!"

पर रानो बहुत दूर जा चुकी थी। अब उसका धुंधला-धुंधला साया नजर आ रहा था। धीरे-धीरे वह साया भी उन लहरों के भीषण संघर्ष में खो गया। तीनों बच्चे और ठाकुर फूट-फूटकर रोने लगे। लंका फिर गायब हो गई।...गीता ने कहा, "मम्मी वापस आ जाओ न?...हम अकेले कैसे रहें?"

वे फिर रो पड़े।

पच्चीस साल पहले की शुरू हुई कहानी आज पूरे पच्चीस साल बाद एक दर्द-भरे अंजाम के साथ समाप्त हो गई। आखिर कुमार ने रानो को पा ही लिया। दोनों एक हो ही गए।

उनकी सच्ची मोहब्बत की गवाह के रूप में अब भी उसी रात बारह बजे नदी में ज्वार आता है और दो फूल उसमें बहते हुए नजर आते हैं।

ooo